COMUNICAR A ALEGRIA
E A ESPERANÇA

SABATINO MAJORANO – ALFONSO V. AMARANTE

COMUNICAR A ALEGRIA E A ESPERANÇA

A Espiritualidade de Geraldo Majela

Tradução: Pe. Afonso Paschote, C.Ss.R.

EDITORA SANTUÁRIO
Aparecida-SP

COPIDESQUE: Elizabeth dos Santos Reis
DIAGRAMAÇÃO: Juliano de Sousa Cervelin
CAPA: Márcio Mathídios
Tradução: Pe. Afonso Paschote, C.Ss.R.

Dados Internacionais de Catalogação na Publicação (CIP)
(Câmara Brasileira do Livro, SP, Brasil)

Majorano, Sabatino
   Comunicar a alegria e a esperança: a espiritualidade de Geraldo Majela / Sabatino Majorano, Alfonso V. Amarante; tradução Afonso Paschote. – Aparecida, SP: Editora Santuário, 2005.

   Bibliografia.
   ISBN 85-369-0017-2

   1. Alegria 2. Esperança 3. Espiritualidade 4. Geraldo Majela, Santos, 1726-1755 5. Redentoristas 6. Santos cristãos – Biografia I. Amarante, Alfonso V. II. Título.

05-6980   CDD-282.092

Índices para catálogo sistemático:

1. Espiritualidade: Santos: Igreja Católica:
   Biografia e obra 282.092
2. Santos: Igreja Católica: Espiritualidade:
   Biografia e obra 282.092

Todos os direitos em língua portuguesa
reservados à **Editora Santuário** — 2005

Composição, impressão e acabamento:
EDITORA SANTUÁRIO - Rua Padre Claro Monteiro, 342
Fone: (12) 3104-2000 — 12570-000 — Aparecida-SP

Ano: 2009 2008 2007 2006 2005
Edição: **8**   7   6   5   4   3   2   1

APRESENTAÇÃO

O centenário da canonização de São Geraldo Majela (11 de dezembro de 1904) e o 250º aniversário de sua morte (16 de outubro de 1755) movimentaram a família dos Missionários Redentoristas através de uma multiplicidade de iniciativas voltadas a reapresentar a figura e o modelo de santidade de São Geraldo.

O crescente afluxo de peregrinos que acorrem ao santuário de Materdomini, o contato vivo com muitos deles, o diálogo pessoal e o acompanhamento espiritual desmentem a hipótese de leitura proposta por aqueles que desejam ver na peregrinação apenas um vago e, no entanto, crescente fenômeno do despertar do sagrado. Uma nova pergunta sobre a religiosidade se justificaria pela urgente necessidade de segurança e pela constante busca de um absoluto indefinido.

A preciosa contribuição dos confrades e professores Sabatino Majorano e Alfonso Amarante sobre a *espiritualidade de São Geraldo* evidencia, ao invés, a autêntica experiência *de alegria e de esperança* cristãs que todo peregrino deseja e vive, quando em contato com a espiritualidade de São Geraldo. Já o Concílio Vaticano II recolocou o culto e a devoção dos santos na verdadeira prospectiva: "Convém, portanto, sumamente que amemos estes amigos e co-herdeiros de Jesus Cristo, além disso, nossos irmãos e exímios benfeitores, que rendamos as devidas graças a Deus por eles, que os invoquemos com súplicas e que recorramos a suas orações, a sua intercessão e

6   Comunicar a alegria e a esperança

a seu auxílio para impetrarmos de Deus as graças necessárias, por meio de Seu Filho Jesus Cristo, único Redentor e Salvador nosso. Pois todo o genuíno testemunho de amor manifestado por nós aos habitantes do céu, por sua própria natureza, tende para Cristo e termina em Cristo, que é a 'coroa de todos os santos' e por Ele em Deus, que é admirável em seus santos e neles é engrandecido" (*Lumen Gentium*, 50).

E é justamente a centralidade da experiência de Cristo Crucificado e da Eucaristia, na vida de São Geraldo, que o papa João Paulo II quis apontar em primeiro lugar aos redentoristas do mundo todo e naturalmente aos devotos e fiéis de São Geraldo, em sua carta endereçada ao padre José Tobin, superior geral dos redentoristas, por ocasião do Ano Geraldino.

Mas a vida e as opções deste humilde irmão redentorista interpelam corajosamente as opções pastorais da nova evangelização na direção da qual os redentoristas deverão dirigir todo o seu esforço. São Geraldo vive a missão com santidade, mas faz da santidade sua missão para contagiar o bem, para reorientar para Cristo e Deus. Seu programa inicial de vida – traçado num pedaço de papel deixado à família: *vou para me fazer santo!* – toma corpo e se realiza na ordinariedade dos dias e da existência que São Geraldo faz sempre viva e fecunda com o frescor de uma comunhão sempre forte com Jesus e com os irmãos e as irmãs que vivem na necessidade espiritual e material. Junto aos pobres camponeses do Sul da Itália, aos doentes, às famílias em dificuldades, proclama a todos o segredo da vida cristã: a fidelidade à vontade de Deus, ciente de que ela não redimensiona nem cancela nossos projetos, nem reduz nossa liberdade, mas, ao contrário, nos leva à plenitude de nosso ser e de nosso existir, porque a vontade de Deus é nossa santificação (1 Ts 4,3). No final de sua breve existência, Geraldo quis que sua pequena cela fosse o santuário da vontade divina, quando colocou sobre a porta a inscrição: "Aqui se faz a vontade de Deus, como Ele quer

Apresentação

e enquanto Ele quiser". Não se trata, então, de inclinar-se a uma dura lógica de dependência, mas de se abrir ao sinal da verdadeira liberdade porque a vontade de Deus é plenitude de vida. A santidade é vida abraçada em plenitude. Os santos são pessoas felizes e realizadas na totalidade de todo o seu ser.

O ano geraldino pretende propor novamente a pastoral da santidade como ordinária e excelsa missão da vida, que deve acontecer com a conversão, mas com a confiança e a esperança de poder responder à vontade de Deus: "nossa santificação".

Oxalá o presente texto, preparado com competência e paixão redentoristas pelos confrades S. Majorano e A. Amarante, seja de estímulo a todos os confrades de São Geraldo, aos membros das associações geraldinas, e a todos os devotos, no sentido de assumir a missão solicitada pelo Santo Padre: "o esforço dos cristãos para contrapor esta cultura de morte e realizar gestos concretos e eloquentes a serviço da cultura da vida. Em tal significativa ocasião gostaria, pois, de confiar a Vossa Reverendíssima, e a todos os redentoristas, a missão de agir ainda de modo mais decidido para difundir o 'evangelho da vida'. Seja posta a serviço da vida vossa reflexão teológica e moral, desenvolvendo-a na fidelidade à tradição afonsiana justamente a partir das situações em que a vida é menos protegida e defendida. É este o modo concreto de dar prosseguimento à obra de São Geraldo Majela e de ser testemunhas de esperança e construtores de uma nova humanidade".

Homenagem ao tradutor, Pe. Afonso Paschote

Com saudades e comovidos, lembramo-nos do querido Pe. Afonso Paschote, C.Ss.R., falecido nas imediações de São Paulo, no dia 16 de dezembro de 2004, em decorrência de um trágico acidente na estrada, quando voltava de um retiro espiritual.

Pe. Afonso era a alegria em pessoa. Vivia profundamente a espiritualidade alfonsiana e geraldina. Tinha acabado de traduzir esta obra do original italiano e desejava ainda fazer uma última revisão, antes de enviar o texto para a Editora Santuário.

Como São Geraldo, o Pe. Afonso foi colhido por Deus como fruto maduro, pleno de sabedoria e de graça.

Deus o tenha na glória!

SUMÁRIO

Introdução 11

1. Geraldo do Santíssimo, Querido Deus.................21

2. Engrandecer-nos em Deus 29

3. Só me empenho em fazer a vontade de Deus 37

4. O único consolador e protetor 49

5. "Louco" pela eucaristia 57

6. Maria, a única alegria.......................................65

7. Quero fazer-me santo 73

8. Repleto de santa fé...81

9. Irradiava Deus 87

10. Sempre nas chagas de Jesus.............................95

11. As cruzes dos outros 103

12. Rezar sempre, sem se cansar..........................111

13. De todo o coração 119

14. Repartia tudo 131

15. Quero ser obediente 143

16. A prudência do Espírito 151

17. Manso e humilde como o Cristo 159

Conclusão 167

Apêndice: Carta do Santo Padre o Papa João Paulo II.....173

INTRODUÇÃO

Quando a Igreja reconhece solenemente a santidade de um de seus filhos, quer antes de tudo agradecer ao Pai e glorificá-lo pelas "maravilhas" que o Espírito não cessa de realizar em nós, não obstante nossas resistências e fragilidades, frutos do pecado: todo santo é proclamação grata da fidelidade de Deus a seu projeto de salvação em Cristo Jesus. Ao mesmo tempo a Igreja pretende propô-lo a todos os seus membros como companheiro de viagem na peregrinação para a eternidade feliz: podemos contar com ele, não só porque está pronto para nos sustentar com sua intercessão nos momentos difíceis, mas também porque sua vida e seu ensinamento nos estimulam e nos ajudam a discernir os passos que o Espírito nos pede para dar.

Isto vale também para São Geraldo Majela.[1] A admiração e o louvor a Deus por sua santidade, a confiança em sua intercessão, a gratidão por sua presença fraterna, principalmente quando a vida se faz mais dura, não podem bastar a quem o ama de verdade. É preciso também aprender dele, deixando-nos guiar pela descoberta do sentido autêntico da vida, pela maturação de uma mentalidade

---

[1] Nasceu em Muro Lucano, no dia 6 de abril de 1726, de uma família artesã. Depois de uma infância e primeira juventude já caracterizadas por fortes experiências espirituais e por uma sentida caridade para com os pobres, Geraldo Majela ingressa, em maio de 1749, na Congregação do Santíssimo Redentor, e aí emite seus votos religiosos no dia 16 de julho de 1752. Morre em Materdomini em 16 de outubro de 1755. Foi declarado beato por Leão XIII (29 de janeiro de 1893) e, onze anos depois, proclamado santo pelo papa Pio X (11 de dezembro de 1904).

verdadeiramente evangélica, pela fiel e criativa coerência com a fé nas opções de todos os dias.

De tudo isso temos hoje especial necessidade. Apesar das tantas contradições e fechamentos na superficialidade e no efêmero que marcam nossa sociedade, todos sentimos, antes ou depois, uma necessidade de profundidade, de consistência, de sentido: percebemos que não podemos nos abstrair disso, se ainda quisermos encontrar a força de esperar. Ainda que as respostas não sejam sempre fáceis e claras, nós nos colocamos em busca. E os santos voltam a atrair-nos, pelos horizontes que nos abrem e pela confiança que conseguem reacender.

João Paulo II, ao traçar as linhas que devem guiar o caminho da Igreja nestes primeiros decênios do terceiro milênio, recorda: "Não hesito em dizer que o horizonte para que deve tender todo o caminho pastoral é a *santidade*". Exige, pois, assimilar mais profundamente as indicações traçadas pelo Vaticano II, valorizando "em todo o seu valor programático, o capítulo V da Constituição dogmática *Lumen Gentium*, intitulado 'Vocação universal à santidade'. Se os padres conciliares deram grande relevo a esta temática, não foi para conferir um toque de espiritualidade à eclesiologia, mas para fazer sobressair sua dinâmica intrínseca e qualificativa". É preciso não se esquecer de que a santidade é, antes de tudo, dom: um dom que o Espírito entrega continuamente à Igreja. É, no entanto, um dom que pede para ser traduzido "numa tarefa que deve governar toda a existência cristã: 'esta é a vontade de Deus: vossa santificação' (1Ts 4,3). É um empenho não só de alguns cristãos: 'Todos os fiéis cristãos de qualquer estado ou ordem são chamados à plenitude da vida cristã e à perfeição da caridade'".[2]

Nossos bispos, programando o caminho da Igreja italiana neste decênio, retomam estas prospectivas: "Necessitamos de cristãos

---

[2] *Novo millennio ineunte*, 30; *Lumen Gentium*, 40.

Introdução

com uma fé adulta, constantemente empenhados na conversão, inflamados pela vocação à santidade, capazes de testemunhar o Evangelho, com dedicação absoluta, com plena adesão e grande humildade e mansidão. Mas isto só é possível se na Igreja permanecer absolutamente central o *acolhimento dócil do Espírito*, do qual deriva a força capaz de plasmar os corações e de fazer com que as comunidades se tornem sinais eloqüentes por sua *vida diferente*. Isto não significa crer-se melhores, nem comporta exigência de separar-se dos outros, mas, sim, levar a sério o Evangelho, deixando que seja ele a nos conduzir aonde talvez não saberíamos nem mesmo imaginar e a nos constituir testemunhas".[3]

Geraldo Majela é, a este respeito, um estímulo precioso: não só testemunha esse "acolhimento dócil do Espírito", mas o concretiza num modo de vida que, embora "diferente", permanece sempre ancorado na comunhão sincera com os mil desafios que a vida cotidiana coloca, de modo especial aos pobres, aos pequenos, obrigados a suportar o peso do sofrimento. Assim, ajuda-nos a ler tudo à luz do Cristo, "à luz verdadeira, que ilumina todo homem" (Jo 1,9).

Luz reflexa do Cristo

Como em todo santo, é evidente que a luz que Geraldo irradia não é autônoma: ele é apenas a luz reflexa de Cristo. Sua vida não nos fala de outra coisa senão da força do Redentor, que nos liberta, nos cura, nos renova com o dom do Espírito; seu ensinamento é eco

---

[3] *Communicare il Vangelo in un mondo che cambia,* n. 45. Delineando em seguida os passos de "um caminho guiado por uma constante *referência ao Concílio Vaticano II* e por sua mensagem", põem em primeiro lugar "o empenho por uma *pastoral da santidade*, para que a Igreja seja a Esposa santa do Senhor que vem" (n. 67).

fiel do Evangelho; os horizontes para onde nos projeta são aqueles abertos pela cruz e ressurreição do Cristo.

Referir-se a Geraldo significa desejar fixar o olhar, de forma sempre mais intensa, em Cristo; reconhecer nele nosso único mestre (cf. Mt 23,10); repetir-lhe como Pedro: "Senhor, a quem iremos? Só Tu tens palavras de vida eterna!" (Jo 6,68). Escreve João Paulo II: "Não se trata de inventar um 'programa novo'. O programa já existe: é o mesmo de sempre, expresso no Evangelho e na Tradição viva. Concentra-se, em última análise, no próprio Cristo, que temos de conhecer, amar, imitar, para n'Ele viver a vida trinitária e com Ele transformar a história até sua plenitude na Jerusalém celeste. É um programa que não muda com a variação dos tempos e das culturas, embora se tenham em conta o tempo e a cultura para um diálogo verdadeiro e uma comunicação eficaz".[4]

Geraldo outra coisa não faz senão repetir com o apóstolo Paulo: "Sede meus imitadores, como eu o sou de Cristo" (1Cor 11,1). Como João Batista, ele nos mostra, nos faz encontrá-lo, nos conduz a ele, repetindo-nos: "Ele deve crescer e eu diminuir" (Jo 3,30).

As palavras que escreve a Isabel Salvadore, nos últimos dias de sua breve existência, sintetizam bem a forma pela qual Geraldo quer sustentar-nos em nosso caminho de fiéis: "Deus sabe como estou. Contudo, meu Senhor permite que eu lhe escreva de próprio punho; por aí você não pode imaginar o quanto Deus a ama. Mas tanto mais a amará, se você fizer tudo o que lhe pedi aí".[5]

---

[4] *Novo millennio ineunte,* 29.

[5] SAN GERARDO MAIELLA, *Scritti spirituali,* S. MAJORANO, Materdomini, 2001, p.133 (a partir daqui usaremos a abreviação *ScrSp.; Espiritualidade Redentorista nº 6, – Textos – Escritos e Espiritualidade de São Geraldo Majela,* Editora Santuário, Aparecida, p. 360. Coleção da União dos Redentoristas do Brasil URB). Daqui em diante *ER.*

Introdução

O Espírito Santo concedeu a Geraldo compreender e viver alguns aspectos, de forma mais específica e intensa, da insondável riqueza do Cristo. Fundindo-se com os dotes naturais, com os elementos ligados ao contexto (a começar com o familiar e religioso) e com os frutos do generoso empenho sobre si mesmo, estes realces determinam o vulto espiritual de Geraldo. É algo profundamente pessoal, mas também uma mensagem que o Espírito continua a nos dirigir para fazer-nos penetrar sempre mais na riqueza do Cristo.

Aceitar Geraldo como ponto de referência espiritual significa escutar e fazer nossa esta "palavra" especial sobre Cristo, que ele encarnou em sua vida. Não se trata de repetir passivamente o que ele decidiu e realizou: nossas situações, nossas condições de vida e nossa sensibilidade social são tão diferentes daquelas do tempo em que viveu. Trata-se, sim, de deixar-nos inspirar por seu exemplo e ensinamento, na busca do modo com que possamos reimprimir hoje os traços do Cristo, que Geraldo particularmente viveu. Perceberemos, então, que será mais fácil discernir aquele caminho pessoal para a santidade, que o Espírito traça para cada um de nós.[6]

O segredo de Geraldo

À primeira vista, fazer Geraldo dizer esta "palavra" especial sobre Cristo pode parecer fácil: conhecer sua vida, com as graças, as escolhas e as atitudes que a marcaram. Um passo com

---

[6] O papa, depois de recordar a necessidade de "repropor a todos com convicção esta "*medida elevada da vida cristã ordinária* – toda a vida da comunidade eclesial e das famílias cristãs deve levar a esta direção"–, acrescenta: é, contudo, evidente que os percursos da santidade são pessoais e exigem uma verdadeira e própria *pedagogia da santidade,* que seja capaz de adaptar-se aos ritmos de cada pessoa" (*Novo millennio ineunte,* 31).

16

Comunicar a alegria e a esperança

certeza já realizado por todos os que o amam. Mas referir-se a ele espiritualmente exige ir além. É preciso conhecê-lo mais profundamente, penetrar o significado do que realizou e disse, procurar chegar ao núcleo de sua espiritualidade: numa palavra, fazer com que ele nos diga o segredo de sua vida.

Não faltam para isso alguns instrumentos preciosos que, nos últimos anos, a comunidade redentorista do Santuário de Materdomini se empenhou em tornar acessíveis a todos. Deve-se dizer logo que não são numerosos, como talvez fosse desejável. Nem isto deve nos espantar, porque Geraldo não foi um personagem de manchete: não atraiu a atenção dos cronistas e arquivistas, mas apenas a do povo simples em busca de socorro para continuar a esperar e empenhar-se de forma cristã. A documentação que possuímos permite, no entanto, penetrar no "segredo" de sua vida, se utilizada toda e de forma atenta.

Estimulada por Santo Afonso, a comunidade redentorista primitiva se preocupa, logo depois da morte de Geraldo, em recolher e guardar os testemunhos e documentos mais significativos. Nasce assim a síntese biográfica do padre GASPAR CAIONE, seu último superior. Sustentado por um esforço sincero de verificação e de confronto com as testemunhas oculares, o escrito, embora na provisoriedade do esboço, coloca-nos em contato direto e vivo com o santo.[7]

A primeira biografia de certo relevo é de Antonio Tannoia, que conheceu Geraldo de perto. Ela traz como título: *Vita del*

---

[7] Cf. [S. MAJORANO], *Gerardo Maiella. Appunti biografici di un contemporaneo,* Materdomini 1998[2]; para um estudo mais analítico, N. FERRANTE – A. SAMPERS – G. LOW, "Tria manuscripta circa vitam S. Gerardi Maiella, a coaevis auctoribus composita, primum eduntur", in *Spicilegium Historicum CSSR 8* (1960) 181-300.

Introdução

Servo di Dio Fr. Gerardo Majella, laico della Congregazione del SS. Redentore. Ela, no entanto, só foi publicada no início do século dezenove.[8]

Por outro lado, embora não tenha sido um profissional ou um escritor de espiritualidade, preocupado em precisar e transmitir uma proposta harmônica, Geraldo deixou-nos algumas cartas e um *Regulamento de vida*, que são como uma janela aberta de sua alma. São páginas que, não obstante os inevitáveis limites literários (linguagem muitas vezes dialetal, períodos não sempre corretos...), cativam por seu frescor e profundidade.[9]

A memória popular logo tomou conta de Geraldo e guardou e transmitiu com amor seu caminho humano e cristão, selecionando e ampliando aqueles traços que o fazem mais próximo do povo simples e mais sensível à dureza dos desafios que diariamente ele tem de enfrentar. Ela se encontra expressa nas disposições tomadas para o processo de canonização, a partir de 1843. Recentemente, foi publicada uma síntese de

---

[8] Foi publicada em Nápoles, em 1811. Na introdução, o próprio Tannoia recorda como foi "convencido" por Geraldo: vendo-se "reduzido ao extremo" pela doença... voltando-me com fé para o abençoado Irmão, exclamei: *Meu Geraldo, ajuda-me!* Dito feito. A natureza, violentando-se a si mesma no momento, livra-me completamente de todo obstáculo. O santo Irmão me fez esta graça, quando invoquei seu patrocínio; e obrigou-me a lhe ser grato, comprometendo-me a escrever-lhe a vida". Atualmente está em curso a impressão de uma reedição, pela casa editora de Materdomini, aos cuidados de V. CLAPS, que valoriza um antigo manuscrito.

[9] Foram publicadas pela primeira vez por ORESTE GREGORIO (*Lettere e scritti di S. Gerardo Maiella,* Materdomini 1949). Depois DOMENICO CAPONE e SABATINO MAJORANO enriqueceram-na com um amplo comentário: *Ricostruzione storico-critica delle Lettere di S. Gerardo Maiella,* Materdomini 1980 (reimpressa em 2001). Para os aspectos propriamente lingüístico-literários, cf. L. DI RAUSO, "Le lettere di S. Gerardo Maiella, um semicolto del Settecento", in U. VIGNUZZI – E. MATTESINI (dir.), *Contributi de filologia dell'Italia Mediana,* vol. 11 e 12 1997 e1998, 97-145 e 49-96.

seus passos mais significativos, seguindo o esquema clássico das virtudes.[10]

Os dados oferecidos por estas fontes permitem reconstruir os traços fundamentais da espiritualidade geraldina. Devem, no entanto, ser lidos à luz do contexto histórico. Isto é possível, valorizando com cuidado o trabalho dos diversos biógrafos de Geraldo.[11]

Decisivo é um senso de respeito sincero que nos livre da tentação de forçar ou de manipular, ditada por visões preestabelecidas ou pelo entusiasmo por um ou outro aspecto. A verdadeira escuta de Geraldo exige um caminho paciente que, compondo as diversas partes, chegue a traçar uma visão de conjunto de sua espiritualidade. Mostraremos então que ela permite chegar a respostas evangelicamente corajosas aos tantos desafios de nosso tempo.

De acordo com isso, as páginas que se seguem, embora querendo dar uma visão de conjunto da espiritualidade geraldina, não querem fazê-la perder o vivo frescor que a caracteriza, obrigando-a a entrar numa síntese teórica construída num escritório. Mais do que um discurso sistemático sobre a espiritualidade geraldina, visam colocar-nos em sua escola: querem permitir-lhes dizer de imediato quais são as dimensões, os aspectos que viveu mais profundamente e que lhes permitiram prosseguir a passos de gigante no caminho da santidade.

---

[10] S. MAJORANO – A. MARAZZO, *Allegramente facendo la volontà di Dio. Le virtù di San Gerardo nel ricordo dei testimoni al processo di canonizzazione,* Materdomini 2000 (de agora em diante: *Allegramente*).

[11] Além das obras de CAIONE e de TANNOIA já citadas, é fundamental para a discussão das fontes, a segunda edição de N. FERRANTE, *Storia meravigliosa di S. Gerardo Maiella,* Roma 1959; foi reimpressa mais vezes pela Editora San Gerardo. Cf. também AA. VV., *San Gerardo tra spiritualità e storia,* Materdomini 1993; D. CAPONE, *L'imagine di san Gerardo Maiella. Ritratti – Ícone – Spiritualità,* Materdomini 1990.

Introdução

Para favorecer tal imediatez, preferimos deixar as fontes falar abundantemente, sobretudo os escritos geraldinos. O comentário foi pensado de forma a não sobrepor-se à escuta e ao aprofundamento pessoal dos textos, mas antes em favorecê-los, estimulando, ao mesmo tempo, a uma atualização criativa de quanto Geraldo ensinou. Daí também a constante referência às indicações do Magistério eclesial.

A articulação em breves e ágeis capítulos foi escolhida porque permite respeitar a espontaneidade e o procedimento simples de Geraldo. Quer, de modo especial, convidar a uma leitura quase meditativa, que conduza não só a uma compreensão melhor, mas também a uma interiorização das perspectivas espirituais. Explicam-se assim os repetidos acenos de alguns passos fundamentais, sobretudo das cartas e do *Regulamento de vida*: lendo-os sob diferentes ângulos, quer tentar colher melhor toda a riqueza das afirmações geraldinas.

O desejo é que estas páginas possam ajudar o leitor a caminhar junto com Geraldo, vivendo *com alegria e com grandeza de ânimo a bela vontade de Deus*. Será assim mais fácil colocar-se "a serviço da alegria e da esperança de todo homem", de acordo com a prospectiva que a Igreja italiana abraçou neste primeiro decênio de 2000.[12]

---

[12] É o título com que se abre a introdução de *Comunicar o Evangelho num mundo que se transforma*.

1

Geraldo do santíssimo, querido Deus

"Indigno servo e irmão em Cristo, Geraldo Majela do santíssimo, querido Deus": esta é a forma com que Geraldo conclui a carta de março de 1755 à madre Maria de Jesus, do mosteiro carmelita de Ripacandida.[1] Trata-se de uma expressão que, à primeira vista, pode parecer uma formalidade. De fato, o sentir-se irmão e servo dos outros em Cristo e o constante referir-se a Deus como "santíssimo, querido Deus" constituem as duas vigas mestras, estreitamente ligadas entre si, de todo o seu caminho: o "querido Deus" transforma o coração de Geraldo em "coração de próximo", sempre pronto a acolher e a servir.

---

[1] *ScrSp*, 117. Madre Maria de Jesus (Maria Araneo) nasceu em Pescopagano em 1725. Entrou bem jovem no mosteiro carmelita, fundado por seu tio, João Batista Rossi, tornando-se logo superiora. Empenhou-se pela defesa da plena observância regular e por isso entrou em disputa com o bispo local. Além de Geraldo, tem também, durante algum tempo, relações epistolares com Santo Afonso (particularmente sobre algumas experiências místicas vividas por ela) e com outros redentoristas. Morre em 1803, com fama de santidade. Sobre ela, cf. *Lettere*, 30-32; G. GENTILE, *Un fiore sulla Rupe, Suor Maria di Gesù e della SS. Trinità*, Ripacandida 1991; S. MAJORANO, "O padre Carmine Fiocchi, diretor espiritual. Correspondência epistolar com madre Maria de Jesus de Ripacandida", in *Spicilegium Historicum CSSR* 29 (1981) 257-281.

Para entrarmos na espiritualidade de Geraldo, é preciso partir do "santíssimo, querido Deus". Em todo o caminho espiritual, de fato, a relação com Deus é fundamental e determina todas as outras dimensões: sua qualidade e as perspectivas nas quais se desenvolve influenciam e plasmam também as relações com o próximo e com o criado. De resto, parece que o próprio Geraldo quer colocar-nos nesta direção, fazendo do "santíssimo, querido Deus" uma nota de reconhecimento pessoal.

O santíssimo, querido Deus

A expressão "querido Deus", com a qual termina a carta à madre Maria de Jesus, não é um caso isolado. Aparece com freqüência nos escritos do santo. Assim, encontramos cerca de quinze vezes a expressão "meu querido Deus" e outras tantas "nosso querido Deus". Não devem ser esquecidas outras expressões que, embora menos freqüentes, evocam as mesmas prospectivas, como "nosso querido Deus Redentor", "nosso caro amoroso Jesus", "meu divino Redentor" e "meu celeste Redentor".

Não sendo ele um escritor por profissão, não precisa forçar estas indicações, dando-lhes um significado excessivo. Mas, com a facilidade com que Geraldo se expressa nas cartas, pede para considerá-las como significativas para colher o modo como ele vê Deus e com Ele se relaciona. Acrescentando normalmente o adjetivo *querido*, o santo quer realçar que se trata de um Deus próximo, amado com todas as forças, tido como o tesouro e o sentido decisivo da vida, com quem é gostoso estar junto, em relação de amor. E isto sem banalização alguma, já que se acrescenta também o outro adjetivo *santíssimo*.

É oportuno reler alguns trechos das cartas. Em fevereiro/março de 1753, depois de um período de silêncio, em respeito à decisão

1. Geraldo do santíssimo, querido Deus

do bispo que "isolou o mosteiro de Ripacandida",[2] Geraldo retoma a correspondência epistolar com madre Maria de Jesus. Assim ele inicia a carta:

"Viva nosso amado Deus! Deus a proteja. Nosso querido e amoroso Jesus esteja sempre com a senhora, minha boa madre, e nossa Mãe Maria Santíssima a conserve sempre no Ser amoroso de nosso amado Deus. Amém".

Continua em tom jocoso, exortando a irmã a se abrir decisivamente à confiança: "Se, além disso, a senhora se sente arrependida, digo-lhe que não deve ter arrependimento no amar nosso dileto Deus, mas que se faça sempre sua divina vontade. E *aquilo que se fez, esteja bem feito.* Desejaria que a senhora fosse mais corajosa no cumprimento da vontade de Deus.

Assim sou eu: quanto mais me vejo repelido por V. Revma., tanto mais me apresso a ir junto da senhora a fim de encontrar meu querido Deus... Só Deus merece ser amado. E como poderei viver se falto a meu Deus?"

Encerra, assinando: "De V. Revma. muito indigno servo e irmão afetuosíssimo, Geraldo Majela de nosso querido Redentor".[3]

A relação de Geraldo com o "querido Deus" é calorosa, apaixonada, espontânea. A afetividade, no entanto, não prevalece sobre a fé e a confiança, evangelicamente fundadas, que levam ao sim pronto a tudo quanto Deus dispõe. Isso aparece ainda mais evidente na carta enviada antes à mesma irmã em 24 de abril de 1752. Nela, a referência ao "querido Deus" volta mais vezes, mas para estimular madre Maria de Jesus a aceitar prontamente o que o bispo decidiu:

"É uma grande coisa a vontade de Deus! Ó tesouro oculto e inestimável! Ah! Sim, eu bem te compreendo! És tu que tanto vales

---

[2] A decisão é por causa de tensões em relação à observância da regra carmelita em suas prescrições mais exigentes, Cf. *Lettere,* 30-93.

[3] *ScrSp,* 54-55; *ER,* p. 286-287.

quanto meu próprio Deus! E quem pode compreender-te senão meu querido Deus?

Sinto-me sumamente consolado, é certo, porque V. Revma. é uma daquelas almas que se alimentam unicamente da bela vontade de meu amado Deus, pois me é bem conhecida tua heróica virtude quanto a isso. Continua, pois, a transformar-te numa união perfeita, numa mesma coisa com a bela vontade de Deus".[4]

Eu me entreterei com meu querido Deus

O contexto em que Geraldo amadurece sua primeira formação espiritual não favorece este relacionamento espontâneo e confiante com seu "querido Deus". Na espiritualidade sei-setecentesca, predomina o sentido da grandeza e da soberania de Deus. De fato, nos escritos da época, é freqüente encontrar a expressão: "Sua Divina Majestade". A sua luz, a miséria do homem aparece de forma mais profunda ainda.

Os passos do jovem Geraldo são, por outro lado, marcados pelo influxo de correntes eremítico-penitenciais, ainda fortes no Sul da Itália. É preciso lembrar, segundo Caione, que seu ingresso nos redentoristas é precedido por uma experiência de vida solitária e penitente, praticada junto com um companheiro: "Redigiram um plano como regulamento de vida, a mais mortificada possível que se possa imaginar. Dividiram o regulamento em vários pontos que consistiam, em sua maior parte, em penitências aspérrimas... Entre outras coisas, havia esta (e isto o próprio Geraldo o relatou): não deviam se alimentar senão de ervas".[5]

---

[4] *ScrSp...,.,* 135; *ER,* p. 276.
[5] CAIONE, 31.

1. Geraldo do santíssimo, querido Deus

Partindo deste contexto, Geraldo desenvolve uma experiência de Deus sempre mais marcada por aquela vizinhança misericordiosa do Cristo, redundando na comunhão confiante que está no coração do Evangelho. Por sua força, a relação com Deus se torna um relacionamento que confere plenitude, alegria, segurança: uma relação que "entrete", segundo a expressão de um fragmento de carta à madre Maria de Jesus, transmitida pelo padre Caione: "Em Nápoles, tenho como companheiro o Pe. Margotta e agora como nunca me entreterei com meu querido Deus".[6] O próprio Caione acrescenta: "Passava a maior parte do dia em oração em alguma igreja, ou aprendendo a fazer grandes crucifixos de papelão; e depois de tê-los feito com as fôrmas de gesso, pintava-os ao natural, mas de uma maneira tão compassiva e com o corpo tão esquartejado e ensangüentado que todos os que o olhavam ficavam comovidos".[7]

Em 1754, Afonso de Ligório publica uma obra sobre a oração, dando-lhe este título significativo: *Modo de conversar contínua e familiarmente com Deus*. Nela ele recomenda: "Acostume-se a lhe falar a sós, familiarmente e com confidência e amor, como com um amigo seu, o mais querido que tem e que mais ama você". De fato, se é um "grande erro" "comparecer em sua presença sempre como um escravo tímido e vergonhoso diante de seu príncipe, tremendo de medo, maior erro será pensar que conversar com Deus seja enfadonho e doloroso".[8]

Estas são as perspectivas em que Geraldo vive com seu "querido Deus". E a confiança torna-se grande ânimo que sabe poder contar sempre com o próprio "poder" de Deus: "Quero – escreve ele à Irmã

---

[6] *ScrSp,* 135.; *ER,* 364.

[7] CAIONE, 94.

[8] *Modo di conversare continuamente ed alla familiare con Dio,* n.6, in *Opere ascetiche,* vol. I, Roma 1933, 316.

Maria de Jesus – que se aplique intensamente a pedir a Deus por uma Irmã que está prestes a morrer. Não quero vê-la morta. Diga a meu amado Deus que desejo que ela se faça mais santa e que morra na velhice, a fim de que tenha o gozo de ter passado muitos anos no serviço de Deus. Vamos, pois, esforce-se com o poder de Deus. E que, desta vez, Deus queira fazer como nós queremos".[9]

Geraldo consegue assim transformar tudo em amor. Move-se nas mesmas perspectivas de seu fundador, que dá a sua síntese de vida cristã para os leigos, este título significativo: *Prática do amor a Jesus Cristo*. Na primeira página se lê: "Toda a santidade e toda a perfeição de uma pessoa consistem em amar a Jesus Cristo, nosso Deus, nosso maior bem, nosso Salvador".[10] Isto, porém, só será possível se, valorizando os tantos sinais, não deixarmos de renovar a memória de quanto Ele nos ama: "Por acaso, não merece Deus todo o nosso amor? Ele nos amou eternamente: ... 'Olhe, fui o primeiro a amar você. O mundo nem existia, e eu já o amava. Eu amo você desde que sou Deus. Amo você e, desde que amei a mim mesmo, amei também você'".[11]

Muitas vezes fazemos calar as "razões do coração", confiando-nos apenas àquelas "frias" da razão. Então não conseguimos mais abrir-nos à presença de Deus ou a transformamos numa instância teórica, problemática, distante. Deus, porém, fez-se homem como nós, aceitou a cruz, torna-se cada dia pão e vinho eucarísticos, a fim de que o encontremos como presença carregada de amor, que abre à esperança. Como para os discípulos a caminho de Emaús, torna-se constantemente nosso companheiro de caminhada, mesmo quando as vicissitudes da vida convidam à rendição, para nos fazer de novo "arder o coração" (cf. Lc 24,19-35).

---

[9] *ScrSp*, 45-46; *ER*, p. 279/280.
[10] *Prática do Amor a Jesus Cristo*, cap.1, p. 11, Editora Santuário, 2002.
[11] *Ivi*, p.11/12.

1. Geraldo do santíssimo, querido Deus

O papa João Paulo II escreveu que o autêntico encontro com o Cristo se exprime "não apenas em pedidos de ajuda, mas também em ação de graças, louvor, adoração, contemplação, escuta, afetos de alma, até chegar a um coração verdadeiramente apaixonado".[12]

Este sentido da presença de Deus torna-nos capazes de viver de maneira autêntica também a relação com os irmãos, fazendo-nos sentir quanto seja absurdo reduzi-lo a cálculo ou a instrumentalização interessada. Infelizmente, hoje somos sempre mais convidados a transformar os outros em "objetos" a serem desfrutados para proveito ou prazer. O resultado, no entanto, é a acentuação da solidão, mesmo quando somos sobrecarregados de informações, de contatos, de compromissos.

É preciso reencontrar o autêntico sentido da presença do outro em nossa vida. Ela exige atenção, acolhimento, reciprocidade. A escuta carregada de respeito levará o outro a abrir-nos sua vida e a abrirmos a nossa a ele. As necessidades dos outros não mais serão um "espetáculo", a ser assistido com indiferença, mas apelo e decisão de partilha: para fazer emergir a esperança, também onde a cruz é mais pesada.

---

[12] *Novo millennio ineunte*, n. 33.

2

Engrandecer-nos em Deus

O clima de indiferentismo religioso presente em nossa sociedade interpela de perto todo crente e se coloca como o mais forte desafio para a comunidade cristã. É preciso responder-lhe com um renovado empenho de evangelização. Nossos bispos, partindo do pressuposto que "comunicar o Evangelho é e permanece a tarefa primeira da Igreja", indicaram, em resposta ao contexto atual, "algumas *decisões de fundo*", indispensáveis para "qualificar" o caminho da Igreja em nosso País: "Dar a toda a caminhada cotidiana da Igreja, mesmo através de mudanças na pastoral, uma clara *conotação missionária*; fundamentar essa opção num forte empenho em relação à *qualidade formativa*, em sentido espiritual, teológico, cultural, humano; favorecer, em definitivo, uma mais adequada e eficaz *comunicação aos homens* em meio aos quais vivemos, *do mistério do Deus* vivo e verdadeiro, *fonte de alegria e de esperança* para toda a humanidade".[1]

É necessário, no entanto, que nos perguntemos com sinceridade se, e até que ponto, não somos nós mesmos os primeiros responsáveis por esse clima de indiferença. As fortes palavras do

---

[1] *Comunicare il Vangelo in un mondo che cambia*, n. 44.

Concílio Vaticano II conservam toda a sua atualidade: "Nesta gênese do ateísmo, grande parte podem ter os crentes, enquanto, negligenciando a educação da fé, ou por uma exposição falaz da doutrina, ou por faltas em sua vida religiosa, moral e social, se poderia dizer deles que mais escondem que manifestam a face genuína de Deus e da religião".[2]

Dentre as várias formas de distorção do verdadeiro rosto de Deus, difunde-se aquela que faz dele quase um ídolo que, em defesa ciumenta dos próprios privilégios divinos, coloca-se diante do homem como limite de sua liberdade e de sua realização. Quando, da vida e do anúncio dos crentes, o rosto de Deus aparece carregado destes traços, não é de se estranhar que quem quer viver termine considerando-o como obstáculo a ser removido ou do qual desinteressar-se.

O rosto de Deus que conhecemos em Cristo é, ao invés, o de um Deus que não considera um "tesouro ciumento" ou um privilégio conservar apenas para si sua própria glória (cf. Fl 2,6): ele se esvazia, faz-se semelhante a nós, assume nossa fragilidade para que nós nos abramos a seu amor, que nos quer partícipes de sua riqueza divina. Deus não é o limite do homem, mas antes sua possibilidade: "Eu sou o caminho, a verdade e a vida" (Jo 14,6).

É significativo que os bispos italianos não hesitem em acrescentar como "tarefa primeira da Igreja" nas circunstâncias atuais *testemunhar a alegria e a esperança* que nascem da fé no Senhor Jesus Cristo, vivendo na companhia dos homens, em plena solidariedade com eles, sobretudo com os mais fracos".[3]

Geraldo é testemunha transparente do autêntico rosto de Deus, que o Cristo nos revelou: o *"querido Deus"*, com quem

---

[2] *Gaudium et Spes*, n. 19.
[3] *Comunicare il Vangelo in un mondo che cambia*, n.1.

2. Engrandecer-nos em Deus

vive em profunda comunhão, é esperança que torna capaz de ser livre, de crescer, de "engrandecer-se". É o Deus que, segundo a feliz expressão de Santo Afonso, "quis fazer de nossa felicidade sua glória".[4]

Grandeza de ânimo

Para Geraldo, desde o início a vida se apresenta difícil. As restrições econômicas da família são bem cedo agravadas pela morte do pai, a tal ponto que Geraldo é obrigado a fugir, como recorda Caione, "de Muro em San Fele, por não ter como pagar" os diversos impostos.[5] Sua saúde é tão precária que, quando solicita ingresso entre os redentoristas, ouve a resposta: "Você não é capaz de ser nosso irmão: volte para sua casa!"[6]

Ele, porém, projeta em tudo a luz da providência amorosa de Deus. Tudo então adquire sentido e valor. Sua fragilidade e seus limites não têm mais a capacidade de esmagá-lo: tornam-se invocação e acolhimento do poder de Deus, a quem nada pode resistir. Com Deus é possível "engrandecer-se", vivendo cada dificuldade, também aquelas que são fruto do pecado e do demônio.

Significativas são as palavras que dirige, em janeiro de 1752, à madre Maria de Jesus, que atravessa um momento particularmente difícil:

"Bendito seja sempre o Senhor que a mantém em tal estado para fazê-la uma grande santa. Vamos, pois, alegre-se e não tema! Seja forte e corajosa nas batalhas, a fim de conseguir depois um grande triunfo no reino dos céus. Não nos assustemos senão pelo que o

---

[4] *Condotta ammirabile della Divina Providenza in salvar l'uomo per mezzo di Gesù Cristo,* in *Opere complete,* vol. VIII, Torino 1857, 787.

[5] CAIONE, 26.

[6] *Ivi,* 33.

espírito maligno semeia em nossos corações, porque este é seu ofício. E nosso dever é não deixá-lo triunfar em seus intentos. Não lhe demos crédito, porque não somos o que ele quer e diz... É verdade que, às vezes, nos achamos fracos e confusos. Não há confusão com Deus, não há fraqueza com o poder divino! Porque é certo que nas lutas a Divina Majestade nos ajuda com seu braço poderoso. Por isso podemos ficar alegres e engrandecer-nos na vontade divina. E bendiremos suas santíssimas obras por toda a eternidade".[7]

Esta grandeza de ânimo permite colher em todos os acontecimentos, mesmo nos menos agradáveis, novas possibilidades de bem. Ainda à madre Maria Geraldo escreve: "Diz a senhora que agora, não sendo mais priora, todos se esquecerão de V. Revma. Deus meu! Como pode dizer isto? E se alguma vez as criaturas esquecerem, não se esquecerá de V. Revma. seu divino Esposo, Jesus Cristo. Pelo que me toca, nunca me esqueci, nem me esqueço de V. Revma. Desejaria que a senhora não se esquecesse de mim nunca, pois bem sabe o que quer dizer: fé, fé. Vamos, pois, grande ânimo no amar a Deus e no fazer-se grande santa, porque agora tem mais tempo que antes, pois não tem tantos trabalhos como antes".[8]

Contando com Deus

Todo o caminho espiritual de Geraldo respira esta confiante magnanimidade. Quando estão em jogo a glória de Deus e as necessidades do próximo, sua resposta é pronta e generosa. Não olha suas forças, mas se entrega à potência divina, até ao milagre. Por isso,

---

[7] *ScrSp,* 30-31; *ER,* p. 260 / 261.
[8] *Ivi,* 58; *ivi,* 289 / 290.

2. Engrandecer-nos em Deus

durante o inverno rigoroso de 1755, quando lhe observam que sua partilha de pão com os pobres pode deixar a comunidade redentorista sem recursos, ele não hesita e responde: "A caridade, meu irmão, não amedronta, não põe em colapso: Deus providenciará!".[9]

Esta amplidão de horizontes é sintetizada nos *Afetos* do *Regulamento de vida,* com estes termos: "Ó Deus, oxalá pudesse eu converter tantos pecadores quantos são os grãos de areia do mar e da terra, as folhas das árvores e dos campos, quantas são as partículas do ar, as estrelas do céu, os raios do sol e da lua e as criaturas todas da terra".[10]

É uma magnanimidade acompanhada de profunda liberdade, que freqüentemente causa espanto àqueles que dele se aproximam. Ao voto "de fazer o mais perfeito" ele tem a preocupação de logo acrescentar algumas determinações para impedir qualquer escrúpulo:

– "aquilo que me parece o mais perfeito diante dos olhos de Deus";

– "com a maior mortificação e perfeição que julgar diante de Deus, pressupondo sempre ter permissão geral de V. Revma";

– não se estende a "todas aquelas coisas que fizer distraidamente e sem prestar atenção";

– encontrando-se fora da comunidade, poderá "pedir licença a quem quer que seja, para evitar toda confusão ou escrúpulo, que poderia impedir-me de agir";

– poderá "pedir permissão ao padre confessor para dispensar-me deste voto e ele o pode dispensar todas as vezes que quiser".[11]

Tudo se apóia na convicção de que o *querido Deus* só pode ser o bem e a felicidade para cada um de nós. Essa experiência é tão

---

[9] Cf. *Allegramente,* 90.

[10] *ScrSp,* 155; *ER,* p. 379.

[11] *Ivi,* 153-154; *ivi,* p. 378; 8, 1.2.

forte nele que, quando sabe das dificuldades vocacionais vividas por uma jovem irmã, escreve-lhe prontamente: "Alegria, pois, e muito ânimo! Vença qualquer tentação com a generosidade, declarando-se sempre esposa do muito grande Senhor Jesus Cristo. É belo ser esposa de Jesus Cristo. Nele se encontram toda felicidade, toda paz, todo bem. De que servem as breves aparências do mundo, comparadas à celeste e eterna beatitude que goza no céu quem se esposou com Jesus Cristo?"[12]

O contexto em que vivemos nos sobrecarrega de medo: pelas incertezas econômicas, pela insegurança do lugar de trabalho, pelos crescentes desequilíbrios ambientais, pela ameaça absurda do terrorismo... Parece que cada um de nós deva enclausurar-se em sua vida privada, para defender com todos os meios sua serenidade, seu bem-estar, sua vida. Mais que viver, parece que podemos apenas sobreviver.

Geraldo, não obstante tudo isso, continua a repetir-nos: *Alegria! Com alegria! Muito ânimo!* Não nos convida à superficialidade ou a fechar os olhos diante dos problemas, mas a encontrar no Cristo morto e ressuscitado as razões da esperança. É eco do que Pedro escreve em sua primeira carta: "E se sofreis pela justiça, sois felizes. Não os temais nem vos perturbeis! Reconhecei internamente a santidade de Cristo como Senhor. Se alguém vos pedir explicações de vossa fé, estai dispostos a defendê-la" (1Pd 3,14-15).

De resto, está aqui o desafio que João Paulo II apontou como fundamental a toda a comunidade cristã, no início deste milênio: "Sigamos em frente, com esperança! Diante da Igreja abre-se um novo milênio como um vasto oceano onde nos aventurar com a ajuda de Cristo. O Filho de Deus, que se encarnou há dois mil anos por amor do homem, continua também hoje sua obra: devemos

---

[12] *Ivi*, 153-154; *ivi*, p. 316.

2. Engrandecer-nos em Deus

ter um olhar perspicaz para contemplá-la, e sobretudo um coração grande para nos tornarmos seus instrumentos".[13]

Dirigindo-se mais diretamente à Europa, o Papa acrescentou: *"Tenha confiança! No Evangelho que é Jesus, você encontrará a esperança sólida e duradoura a que aspira.* É uma esperança fundada na vitória de Cristo sobre o pecado e sobre a morte. Esta vitória Ele quis que fosse sua para sua salvação e alegria. *Esteja certa! O Evangelho da esperança não decepciona!* Nas vicissitudes de sua história de ontem e de hoje, é luz que ilumina e orienta seu caminho; é força que o sustenta nas provações, é profecia de um mundo novo; é indicação de um novo início; é convite a todos, crentes ou não, a traçar caminhos sempre novos que desembocam na 'Europa do espírito', para fazer dela uma verdadeira 'casa comum', onde existe alegria de viver".[14]

O *alegremente* de Geraldo deve impulsionar-nos a um testemunho e a um anúncio mais corajosos. É preciso contagiar de novo nosso mundo com a esperança que é o Cristo, morto, ressuscitado e vivente em nós. O Batismo dá-nos a possibilidade de subtrair-nos de todo medo, de pensar grande, de projetar-nos com confiança para o futuro. Não devemos repetir o comportamento absurdo do "servo indigno e preguiçoso" que se deixa dominar pelo medo e esconde sob a terra o talento recebido (cf. Mt 25,24-26).

Como Geraldo, devemos encontrar na fé o segredo para "engrandecer-nos", construindo um mundo sempre mais justo e fraterno: devemos continuar a "apostar" na onipotência de Deus.

Geraldo é, assim, um forte convite a reencontrar os motivos da alegria para que ela habite de fato em nós. As palavras de Paulo VI, na exortação apostólica dedicada explicitamente a este aspecto

---

[13] *Novo millennio ineunte,* n. 58.
[14] *Ecclesia in Europa,* n. 121.

fundamental da vida cristã, permanecem estimulantes: "Irmãos e filhos caríssimos, não é talvez normal que a alegria habite em nós enquanto nossos corações contemplam ou redescobrem, na fé, seus motivos fundamentais? Eles são simples: Deus amou tanto o mundo que lhe deu seu Filho unigênito; mediante seu Espírito, sua presença não cessa de envolver-nos com sua ternura e de nos penetrar com sua Vida; e nós caminhamos na direção da feliz transfiguração de nossa existência no sulco da ressurreição de Jesus. Sim, seria muito estranho se esta Boa Nova que suscita o aleluia da Igreja não nos desse um aspecto de salvos. A alegria de ser cristão, estreitamente unido à Igreja, 'no Cristo', em estado de graça com Deus, é verdadeiramente capaz de preencher o coração do homem".[15]

---

[15] *Gaudete in Domino,* Conclusão.

3

Só me empenho
em fazer a vontade de Deus

Os últimos dias de Geraldo foram marcados pelo progresso contínuo e doloroso da doença. Caione lembra, com sentida e controlada emoção, que "o corpo se fez em sangue com aquele tipo de doença que os médicos chamam de tenesmo. A ela se juntaram também suores espasmódicos, com desfalecimentos e desmaios contínuos, que o deixavam inteiramente gelado e sem pulso. Não lhe faltava o vômito de sangue, que aumentava dia a dia: chegou até cerca de dez libras ou talvez mais".[1]

Ele viveu tudo isso em confiante serenidade. Enquanto os confrades não conseguem esconder a preocupação, "ele estava com invejável indiferença e com uma paz de paraíso e uniformidade heróica à vontade de Deus. Antes, perguntado pelo superior, no ápice de seus sofrimentos, se estava uniforme à vontade divina, respondeu: *Sim, padre. Eu imagino que este leito é a vontade de Deus e eu estou cravado sobre este leito como se estivesse cravado na vontade de Deus. Antes, penso que eu e a vontade de Deus nos tornamos uma mesma coisa*".[2]

---

[1] CAIONE, 148.

[2] *Ivi.*

38 Comunicar a alegria e a esperança

O leito do sofrimento transforma-se assim em cátedra de onde ele continua a proclamar o segredo de todo o seu caminho espiritual: "Na porta de seu quarto – escreve ainda Caione – tinha afixado um papel em que, em letras maiúsculas, se lia: *Aqui está se fazendo a vontade de Deus, como Ele quer e até quando ele quiser*".[3]

Um sim total e confiante

O sim pronto e confiante à vontade de Deus, até com ela se uniformizar, ou seja, a se tornar com ela uma só coisa, acompanhou Geraldo ao longo de toda a sua vida, colocando-se de forma sempre mais intensa, como carro-chefe de seu crescimento espiritual. No inverno de 1753, lembra isso de maneira forte à superiora do mosteiro de Ripacandida, madre Maria Michela. Ela, referindo-se à vontade de Deus, queria fazê-lo aceitar para outro fim o dinheiro que ele recolhera para constituir o dote a uma jovem desejosa de consagrar-se ao Senhor.

A resposta de Geraldo é clara: "Quanto às dificuldades que há para a irmã de Madre Maria Josefa, a senhora me diz para me contentar com a vontade de Deus. *Sim, senhora, tire-me esta e depois verá o que me resta!*" Mas, em relação a um uso diferente do dinheiro, acrescenta: "Isto só eu, e ninguém mais, o pode fazer, pois seria o mesmo que desacreditar nossa Congregação, porque, a quem pedi, pedi com a condição e a finalidade de fazê-la monja e não para casá-la. Se não conseguir isso, todo o dinheiro deve ser restituído àqueles a quem pertence".[4]

---

[3] *Ivi.*

[4] *ScrSp,* 68; *ER,* 299 / 300.

3. Só me empenho em fazer a vontade de Deus

No *Regulamento de vida* pode, pois, sintetizar, de maneira quase lapidar, o papel que ele atribui à uniformidade com a vontade de Deus: é sua vocação. Escreve ele: "Alguns se preocupam em fazer isto ou aquilo; eu, porém, só tenho a preocupação de fazer a vontade de Deus".[5]

Geraldo coloca-se em profunda sintonia com Santo Afonso, que vê no sim pronto e confiante ao desígnio de Deus sobre nós a síntese e a perfeição de toda a vida cristã: "Toda a nossa perfeição consiste em amar nosso amabilíssimo Deus... Mas toda a perfeição do amor a Deus consiste em unir a nossa sua santíssima vontade... Se, pois, queremos agradar plenamente o coração de Deus, procuremos conformar-nos em tudo a quanto Deus dispõe. A conformidade supõe que conjuguemos nossa vontade à vontade de Deus; a uniformidade, porém, supõe mais: que façamos da vontade divina e da nossa uma só coisa, de tal modo que não queiramos outra coisa senão o que Deus quer, e só a vontade de Deus seja a nossa".[6]

Geraldo quer ser de modo especial eco fiel do sim confiante de Maria: "Eis a serva do Senhor, faça-se em mim segundo a tua palavra" (Lc 1,38). E mais radicalmente do sim do próprio Cristo: "Desci do céu, não para fazer a minha vontade, mas a vontade daquele que me ensinou" (Jo 6,38).

A bela vontade de Deus

Hoje, habituados a exaltar a liberdade como realidade absoluta, achamos difícil este sim pronto e total à vontade de Deus: suspeitamos dela, temendo limitações e cruzes. Na realidade, o

---

[5] *Ivi*, 146; *ivi*, 370.

[6] *Uniformità alla volontà di Dio*, in *Opere ascetiche*, vol. I, Roma 1933, 283 e 286.

projeto de Deus sobre nós não é outro senão nosso bem e nossa felicidade plena: assumi-lo como fundamento de toda a vida não é renunciar à liberdade, mas abrir-se a horizontes de realização ainda mais amplos. Geraldo condensa tudo na expressão, repetida como um estribilho: *a bela vontade de Deus*.

Na carta à madre Maria de Jesus, em abril de 1752, encontramos uma visão sintética de seu pensamento sobre isso.[7] É oportuno lê-la por inteiro. A ocasião do escrito, como já vimos antes, é a limitação no intercâmbio com o externo, imposta pelo bispo às carmelitas de Ripacandida, impedindo assim interferências prejudiciais à serenidade da comunidade.

A carta abre-se com o convite à irmã para não dramatizar e para acolher antes de tudo os elementos positivos: "Meu querido e ilustríssimo Senhor Bispo fez bem, se lhe proibiu escrever, pois esta é a vontade de nosso amado Deus. E eu me alegro muito que o Senhor a livre de tantos incômodos, pois todos são sinais de que Ele a ama e a quer toda unida a Ele; quer também que se poupe de tantas fadigas. Por isso, V. Revma. esteja alegre e de bom humor, pois estas coisas não nos devem afligir, mas, antes, causar alegria".

Logo depois o tom se torna mais sério, uma vez que Geraldo conhece o mal-estar da irmã e da comunidade: "Quando se trata da vontade de Deus, tudo deve ceder. Sua Revma. o sabe melhor que eu e que qualquer outro. Que quer que eu diga? Falei e falarei com confiança com uma que é minha mestra neste ponto. Ainda não fui capaz de compreender como uma alma espiritual, consagrada a Deus, possa, alguma vez, encontrar amargura nesta terra, por não lhe agradar em tudo e sempre a bela vontade de Deus, sendo que ela é a única substância de nossas almas".

---

[7] *ScrSp*, 42-43; *ER*, p. 275 / 276.

3. Só me empenho em fazer a vontade de Deus 41

Ver as coisas de modo diferente não tem sentido para Geraldo. É, antes, a expressão da miséria em que fomos encerrados pelo pecado: é "maldita propriedade que impede às almas possuir um tão imenso tesouro, um paraíso na terra, um Deus!"; "vileza da ignorância humana", que faz "negligenciar uma aquisição tão grande!"

Para Geraldo, o motivo de fundo está no fato que a uniformidade com a vontade de Deus deve ser considerada como o caminho seguro, autêntico, verdadeiro: "Haverá, talvez, um meio mais próprio para levar-nos a nossa eterna salvação? Ó Deus, que outro meio haveria mais adequado para salvar-nos? E que outra coisa maior poderá encontrar-se para dar-lhe gosto, do que fazer sempre em tudo sua divina vontade? Que outra coisa Ele quer de nós, senão que se faça sempre perfeitamente sua divina vontade, como Ele quer, onde quer e quando quer, estando nós sempre atentos a seu mínimo aceno?"

A vontade de Deus deve ser considerada principalmente como um tesouro grande como o próprio Deus: "Grande coisa é a vontade de Deus! Ó tesouro oculto e inestimável! Ah! Sim, eu bem te compreendo! És tu que tanto vales, quanto meu próprio Deus! E quem pode compreender-te senão meu caro Deus?"

Daí a conclusão: "O que fazem os anjos no céu, queiramos fazê-lo nós também na terra. Vontade de Deus no céu, vontade de Deus na terra! Portanto, paraíso no céu, paraíso na terra!"

De fato, para Geraldo a uniformidade com a vontade de Deus não é voluntarismo tenso, temido, fechado em si mesmo, mas fé que se encontra nesta plenitude de significado da qual o coração do homem não pode fazer de menos. É grandeza de ânimo e de horizontes, que tira da beleza da vontade de Deus a coragem e a possibilidade de caminhar sempre na alegria. Numa palavra, é paraíso na terra.

A raiz da paz e da alegria

Geraldo assimilou profundamente a perspectiva ressaltada com força pelo apóstolo Paulo: "Sabemos que tudo concorre para o bem daqueles que amam a Deus... Se Deus é por nós, quem será contra nós?" (Rm 8,28-31). Santo Afonso, ao comentar estas declarações, sublinha a "perpétua paz" que deriva da uniformidade com a vontade divina: "Os que amam a Deus vivem sempre contentes, porque todo o seu prazer é cumprir, mesmo nas coisas contrárias, a vontade divina; donde as próprias penas se lhes convertem em contentamento, quando pensam que, aceitando-as, dão grande gosto a seu amado Senhor". Essa é a raiz da "bela liberdade de que gozam os filhos de Deus, que vale mais que os domínios e todos os reinos da terra". E esta grande paz "toma conta de todos os prazeres dos sentidos, de todos os festins e banquetes, honras e todas as outras satisfações do mundo, as quais, porque vãs e caducas, se bem que aliciam o sentido naqueles momentos em que experimentam, no entanto não contentam, mas afligem o espírito". E conclui: "Quem está sempre uniforme à vontade de Deus tem uma alegria plena e perpétua: plena, porque tem quanto quer...; perpétua, porque tal alegria ninguém consegue tirar, enquanto ninguém pode impedir que venha aquilo que Deus quer".[8]

É, pois, necessário que o sim à vontade de Deus seja constante e seja dito com confiança também nos momentos difíceis: "O forte está no abraçar a vontade de Deus nas coisas que acontecem, sejam prósperas ou contrárias a nossos apetites. Nas prósperas também os pecadores sabem bem uniformizar-se à vontade divina; os santos, porém, se uniformizam também nas coisas contrárias e desagradáveis ao amor próprio. Dizia o Venerável Padre João

---

[8] *Uniformità alla volontà di Dio, in Opere ascetiche*, vol. I, Roma 1933, 290-292.

3. Só me empenho em fazer a vontade de Deus

D'Ávila: "Vale mais um *Bendito seja Deus* nas coisas adversas, que seis mil agradecimentos nas coisas a nós desagradáveis". E isto também nas adversidades "que nos vêm pelos homens, como os desprezos, as infâmias, as injustiças, os furtos, e todas as espécies de perseguições".[9]

São as perspectivas nas quais se move Geraldo. Ele sintetiza-as na primeira das *Lembranças*, de seu *Regulamento de vida*: "Meu Deus querido, único amor meu, hoje e para sempre me entrego a vossa divina vontade. Em todas as tentações e tribulações direi: 'Que se faça vossa vontade'. Aceitarei tudo no íntimo de meu coração e, levantando os olhos até os céus, adorarei vossas mãos divinas que deixam cair sobre mim as pérolas preciosas de vosso divino querer".[10]

É um abandono confiante, fundado na certeza de que a "bela vontade" de Deus não visa outra coisa senão nossa felicidade plena. Como Afonso, Geraldo está convencido que Deus "quis fazer sua glória em nossa felicidade". Mesmo quando sua vontade assume o rosto duro e empenhativo da cruz, não é possível duvidar do amor e da esperança que traz consigo.

Nas *Lembranças* Geraldo pode, pois, escrever: "Não usarei desta linguagem: *quero, não quero; queria, não queria*. Somente desejo que em mim, ó Deus, se façam vossos propósitos e não os meus (*"sint Deus vota tua e non vota mea"*). E acrescenta: "Para fazer o que Deus quer, não posso fazer o que eu quero. Sim, eu, eu, eu somente quero a Deus. E por Deus não quero Deus; mas quero só o que Deus quer. E se quero somente a Deus, é necessário que me desapegue de tudo o que não é Deus".[11]

---

[9] *Ivi,* 286-287.
[10] *ScrSp,* 149; *ER,* 372.
[11] *Ivi,* 152; *ivi,* 376.

Para dar gosto a Deus

As palavras das *Lembranças* não são para ficar no papel. Mesmo nos momentos mais difíceis, a coerência de Geraldo é clara e decidida. Em fevereiro-março de 1752, num período de duros sofrimentos interiores, confidencia à madre Maria de Jesus: "Estou cheio de aflições e não encontro quem acredite em mim. Deus assim o quer. Quer que eu morra sem compaixão, abandonado por todos! Assim quero viver e morrer para dar gosto a Deus".[12]

Do mesmo tom é a carta dirigida à mesma religiosa, noutro momento de pesados sofrimentos espirituais, no verão de 1754: "Agora não ando e nem tenho movimento, pregado, como estou, com Ele na cruz, triste e em inexplicáveis sofrimentos. Perdeu-se para mim a lança que me daria a morte. É meu patíbulo. Aqui obedeço... para tornar a achá-la, a fim de alcançar vida no sofrimento. Todos, parece, me abandonaram. E eu então, para não ficar em meu estado, digo: esta é a vontade de meu celestial Redentor: permanecer pregado nesta dura cruz. Inclino a cabeça e digo: esta é a vontade de meu amado Deus. Eu a aceito. E tenho prazer em fazer quanto Ele manda e dispõe".[13]

Análogas as afirmações de uma outra carta à mesma irmã, nos primeiros meses de 1754. Em primeiro lugar ele se alegra com a serenidade em que a irmã vive: "V. Revma. está alegre; por isso é que sempre graceja comigo. O que quer que eu faça? Assim agrada a Deus e eu me comprazo muito com sua felicidade. Deus a mantenha e a conserve em V. Revma., que é tão querida de Deus". Depois acrescenta, em relação a si mesmo: "Assim é o dia de hoje: um sobe outro desce!

---

[12] *Ivi*, 33-34; *ivi*, 265.
[13] *Ivi*, 104; *ivi*, 335.

3. Só me empenho em fazer a vontade de Deus

Eu desci de tal forma que creio não haver mais solução para mim! E creio que minhas penas hão de ser eternas. Mas não me importaria que fossem eternas: *basta que eu amasse a Deus e em tudo isso desse gosto a Deus*! É este meu sofrimento: creio sofrer sem Deus".[14]

Quando, no verão de 1755, os "vômitos de sangue" obrigam Geraldo a deter-se em Oliveto, interrompendo a coleta, a adesão confiante à vontade de Deus não vacila. Na carta sofrida que envia ao padre Gaspar Caione (23 de agosto), seu superior, informando-o do agravamento de sua doença e pedindo o que deve fazer, escreve: "Se quer que eu volte, voltarei imediatamente; mas se quer que continue com o peditório, continuarei sem mais; pois, quanto ao peito, sinto-me no momento melhor do que quando estava em casa. Tosse, não tenho mais. Ora, vamos, envie-me uma ordem forte e seja como for. Desagrada-me saber que Vossa Reverendíssima ficará apreensivo. Alegre-se, meu caro padre, não é nada. Recomende-me a Deus, a fim de que me faça cumprir sempre, em tudo, a divina vontade".[15]

Sempre contente

A confiança amorosa, da qual brota, faz que a uniformidade com a vontade de Deus dê a toda a sua vida uma nota de serenidade e de alegria, que toca todos os que dele se aproximam: mesmo nos momentos mais difíceis, diz Caione, está sempre "com o rosto sereno" e com a costumeira alegria.[16]

Do mesmo teor são os depoimentos ao processo de canonização: "Ouvi dizer de muitas pessoas bastante religiosas e dignas de

---

[14] *ScrSp,* 88; *ER,* 319.

[15] *Ivi,* 359; *ivi,* 359.

[16] CAIONE, 87.

respeito... que era visto sempre com o rosto alegre e nunca demonstrando desgosto em meio às angústias e mortificações (Caetano Trerretola); "o rosto sereno e angélico de irmão Geraldo apresentava sempre a alegria de uma alma pura e inocente" (Luiz Intelli).[17]

Só o pecado consegue obscurecer tal alegria: "Era sempre alegre e afável até ao último do povo, testemunha Donato Antonio Freda, e só se via abatido quando via pecados e pecadores, os quais ele advertia com doçura e, enquanto podia, os chamava de novo a Deus".[18] Assim também o depoimento do redentorista Giancamillo Ripoli: "Tanto era o horror que tinha do pecado que, ao ouvir falar de ofensa a Deus, desfalecia, ficando visivelmente abatido; quando, porém, ouvia falar de obras santas e de almas que livremente caminhavam pelo caminho de Deus, se via alegre e contente de um modo todo especial".[19]

O contínuo e confiante sim à vontade de Deus lhe dá serenidade mesmo nos difíceis dias da calúnia de Nerea Caggiano.[20] Recorda o padre Caione, baseado no testemunho do padre Antonio Tannoia: "Depois da provação de alguns meses e antes de se descobrir a tramóia, foi enviado ao Reitor-mor, em Ciorani, e isto antes que se descobrisse a referida tramóia. E foi imposto ao reverendíssimo padre Saverio Rossi que o mantivesse humilhado e segregado de relações externas. Aí permaneceu cerca de dez dias, mas sempre alegre, pronto a tudo o que lhe era ordenado. E como lhe sobrava um minuto de tempo, imediatamente corria para a igreja, diante de Jesus Sacramentado".[21]

---

[17] Cf. *Allegramente,* 27.

[18] Cf. *Ivi.*

[19] Cf. *Ivi,*28.

[20] Cf. *Lettere,* 146-152; N. FERRANTE, *Storia meravigliosa di S.Gerardo Maiella,* Materdomini 1980, 237-249.

[21] CAIONE, 90.

3. Só me empenho em fazer a vontade de Deus

Geraldo compreendeu plenamente o "paradoxo" da alegria cristã: "Neste mundo a alegria do Reino levado ao cumprimento não pode brotar senão da celebração conjunta da morte e da ressurreição do Senhor. É o paradoxo da condição cristã, que de modo especial ilumina o da condição humana: nem a provação, nem o sofrimento são eliminados deste mundo, mas eles adquirem um novo significado, na certeza de participar da redenção operada pelo Senhor, e de condividir sua glória. Por isto o cristão, submetido às dificuldades da existência humana, não se limita a buscar seu caminho às apalpadelas, nem a ver na morte o fim de suas esperanças".[22]

São perspectivas que não distanciam do empenho cotidiano e nem diminuem sua importância, mas lhes dão ulteriores motivações e horizontes mais amplos, tornando-o mais convicto e generoso".[23]

---

[22] PAULO VI, *Gaudete in Domino*, n. III.
[23] Cf. *Gaudium et Spes*, n. 21

4

O único consolador e protetor

Na sociedade atual, a multiplicação das interdependências e dos condicionamentos torna mais problemática a verdadeira liberdade. Embora desejando-a profundamente, ela parece-nos quase impossível: muito fortes são o peso e os vínculos de estruturas, modos de realizar, mentalidades difundidas por vencedores. Sentindo-nos como prisioneiros, não resistimos à tentação de nos deixar levar: seja qual for nossa decisão, as coisas sempre andarão da mesma forma; as opções são ilusões, porque já astutamente endereçadas; a novidade virá prontamente instrumentalizada pelas dinâmicas e pelos poderes fortes. Vendo-nos "condenados" a repetir a história, acabamos por não nos sentir nem responsáveis mesmo pelo mal que praticamos.

Paulo, refletindo sobre as situações em que o pecado nos colocou, afirma com profunda tristeza: "Sei que em mim, isto é, em minha vida instintiva, não habita o bem. O querer está a meu alcance, mas não o executar o bem. Não faço o bem que quero, mas pratico o mal que não quero" (Rm 7,18-19). Com confiança, porém, indica no "Espírito que dá vida em Cristo Jesus" uma nova possibilidade de libertação e de vitória: "Libertou-te da lei do pecado e da morte" (Rm 8,2).

50   Comunicar a alegria e a esperança

Pela força do Espírito, podemos subtrair-nos à hipoteca do egoísmo com seus mil desejos que "conduzem à morte". Nós nos sentimos renovados e ricos dos desejos do Espírito que "conduzem à vida e à paz" (Rm 8,6). A própria experiência das limitações e da fragilidade, que marca sempre nossa vida, não pode mais nos causar medo: "O Espírito socorre nossa fraqueza. Ainda que não saibamos pedir como é devido, o próprio Espírito intercede por nós com gemidos desarticulados" (Rm 8,26).

Geraldo abriu-se com confiança à ação do Espírito, deixando-se transformar por Ele, sem reservas: embora sentindo-se pequeno, pensa, projeta e age com a liberdade e a novidade de quem está convencido de poder "engrandecer-se" em Deus.

Escolho para mim o Espírito

No *Regulamento de vida*, iniciando o "exame do interno oculto", Geraldo anota, de forma lapidar: "Escolho o Espírito Santo como único consolador meu e protetor em tudo. Seja meu defensor e vença em todas as minhas lutas. Amém".[1]

Essa decisão adquire todo o seu significado quando colocada em seu contexto. Geraldo está "com papel e caneta na mão" para confirmar os propósitos fundamentais de sua vida. Imediatamente lhe vem o senso de sua fragilidade: "Oxalá seja de vosso agrado que aquilo que estou renovando o possa cumprir plenamente. Ah, que não posso fiar-me em minhas forças, porque não me sei capaz de prometer". Mas a incerteza é prontamente superada pela consciência da ajuda de Deus: "Confio uni-

---

[1] *ScrSp*, 147; *ER*, 371. Comentando esta afirmação de Geraldo, Capone escreve: "Com a luz e a força do Espírito Santo, Geraldo caminhou seguro e com força, mesmo quando por si só 'não podia mais caminhar', como disse a Domingos Blasucci, em setembro de 1751, ou à madre Maria, em 16 de abril de 1752" (*Lettere*, 227); cf. *ER*, 269.

4. O único consolador e protetor

camente em vossa imensa bondade e misericórdia, porque sois um Deus infinito e não podeis falhar em vossas promessas. Eia, pois, bondade infinita, se no passado houve algum não cumprimento, foi por minha culpa. Mas, de agora em diante, Senhor, fazei que os cumpra pontualmente. Porque é certo que de vossa fonte infinita espero tudo".[2]

Esta certeza da misericórdia vitoriosa de Deus redunda na proclamação do Espírito Santo como único consolador e defensor, enriquecida pela intercessão de Maria e dos santos protetores. Geraldo pode, assim, repelir toda tentação de desesperança: "Ai de ti, Geraldo, que fazes? Fica sabendo que um dia te será jogado na cara este texto. Por isso, pensa bem e observa tudo. Mas, quem és tu que me fazes tal censura? Sim, dizes a verdade. Ignoras, porém, que eu não confiei em mim mesmo, nem confio e nunca o farei. Conheço bem minhas misérias e, por isso, me espanta confiar em mim mesmo. Se não fosse assim, já teria perdido a cabeça. Por isso, confio e espero somente em Deus, pois em suas mãos tenho colocado toda a minha vida, para que Ele faça o que desejar. Estou, pois, na vida, mas sem vida, porque minha vida é Deus. Confio somente em Deus".[3]

Quem não tem presente esta leitura da fragilidade humana na perspectiva da esperança não pode entender Geraldo. É uma leitura que ilumina também seu relacionar-se com os outros. Não hesita em carregar suas dificuldades, esquecendo a própria pequenez e contando com a onipotência divina. Pode, assim, anotar em seus propósitos: "Quando souber, ou me contarem, que alguma pessoa está sob provação da divina vontade, mas não consegue aceitar o sofrimento e pede ajuda, eu pedirei a Deus por ela: oferecerei tudo o que fizer em três dias seguidos para que obtenha do Senhor a santa uniformidade com o querer divino".[4]

---

[2] *ScrSp,* 147; *ER,* 371.

[3] *Ivi,* 148; *ivi,* 371.

[4] *Ivi,* 152; *ivi,* 376, n. 33.

O Espírito Santo vos fará compreender

Fiel à simplicidade e espontaneidade de seu estilo, Geraldo se entrega ao Espírito Santo em todas as situações cotidianas. Está convencido, por exemplo, que o Espírito faz possível a própria comunicação fraterna. Por isso não se deixa bloquear-se pelo temor de não conseguir expressar-se de forma adequada ou de não ser compreendido: antecipa confiança e assim estimula a uma comunicação sempre mais profunda.

Em outubro de 1754, dirige-se à madre Maria de Jesus, procurando manifestar-lhe a sincera condivisão das dificuldades que ela atravessa: "Digo-lhe que as sinto (as penas) em meu coração mais agudamente que V. Revma. Mas não pode imaginar com que distinção e clareza as percebo: se digo mais que V. Revma., não digo mentira". Ele, no entanto, se entrega ao Espírito Santo: "Não lhe explico nada, porque sei que, enquanto V. Revma. lê esta carta, meu Espírito Santo a fará compreender tudo de minha parte, melhor do que eu a poderia explicar".[5]

Voltam, portanto, com freqüência nas cartas a oração e o augúrio para a sincera abertura à presença do Espírito. Assim inicia a carta endereçada ao padre João Mazzini, em julho de 1752: "A graça do Espírito Santo encha a alma de V. Revma. e nela esteja sempre, e a Mãe Imaculada lha conserve. Amém".[6] Assim também inicia a carta à madre Maria de Jesus, em março de 1755: "Viva nosso Deus amado. O Espírito Santo, nosso amoroso Senhor, esteja sempre na alma de V. Revma., minha querida irmã em Cristo, e nossa querida Mãe Maria Santíssima a conserve. Amém".[7]

---

[5] *Ivi*, 110; *ivi*, 341.

[6] *Ivi*, 47-48; cf. 91; 101; 119-120; *ivi*, 281.

[7] *Ivi*, 116; *ivi*, 346.

4. O único consolador e protetor

Geraldo está convencido de que o Espírito Santo é a sabedoria do Cristo, que nos guarda em todo o nosso agir. Isto ele recorda à madre Maria Michela, priora de Ripacandida, que lhe pede conselhos sobre como se comportar em seu serviço na comunidade: "Esteja cheia de prudência infinita e em todas as suas coisas deve guiar-se pelo espírito de Jesus Cristo".[8]

De modo especial o Espírito leva à compreensão do mistério de vida contido na cruz: "Recebi sua prezada carta, escreve Geraldo a um gentil-homem. Se V. Senhoria se conservar fiel a Deus, Deus o ajudará. Deus sabe quanto sinto seus sofrimentos. O Espírito Santo lhe faça conhecer quanto mais V. Senhoria deveria sofrer por amor Daquele que tanto sofreu por amor de nós".[9]

Quando se está aberto ao Espírito, a serenidade, a confiança, a grandeza de ânimo não diminuem nas dificuldades, mesmo as mais duras: ao contrário, encontram nelas estímulo de ulterior crescimento. Isto Geraldo expressa na carta à madre Maria de Jesus, em janeiro de 1752: "Bendito seja sempre o Senhor que a mantém em tal estado para fazê-la uma grande santa. Vamos, pois, alegre-se e não tema! Seja forte e corajosa nas batalhas, a fim de conseguir depois um grande triunfo no reino dos céus. Não nos assustemos senão pelo que o espírito maligno semeia em nossos corações, porque este é seu ofício. E nosso dever é não o deixar triunfar em seus intentos. Não lhe demos crédito porque não somos o que ele quer e diz".[10]

---

[8] *Ivi*, 74; *ivi*, 304.

[9] *Ivi*, 127; *ivi*, 355 / 356.

[10] *Ivi*, 30; *ivi*, 260 / 261.

A criatividade do amor

Graças ao impulso do Vaticano II, o "Concílio do Espírito Santo",[11] a Igreja torna-se hoje mais consciente que a vida cristã outra não é senão *vida no Espírito e segundo o Espírito.* É um caminho que é preciso continuar com confiança, evitando, porém, todo radicalismo, já que o próprio Concílio, como escreveu Y. Congar, "manteve a referência cristológica. É uma referência bíblica; é uma condição essencial para uma sã pneumatologia. A pneumatologia não é um pneumacentrismo. O Espírito é o Espírito de Cristo".[12]

O enraizar-se no Espírito sustenta o cristão na busca de resposta adequada à rápida transformação de nossa sociedade. Segundo as próprias palavras de Cristo, o Espírito é na verdade o segredo da fidelidade da Igreja: "O Consolador, o Espírito Santo que o Pai enviará em meu nome, vos ensinará tudo e vos recordará tudo o que eu vos disse" (Jo 14,26). É uma recordação que leva a uma compreensão ulterior: "Quando ele vier, o Espírito da verdade vos guiará para a verdade plena, pois não falará por sua conta, mas dirá o que ouve, e vos anunciará o futuro" (Jo 16,13).

A fidelidade que o Espírito confere ao crente não é busca formalística de seguranças com o olhar voltado ao passado, mas criatividade que olha com confiança para a frente. Não é repetição mecânica de gestos, palavras, estruturas, mas risco e novidade, radicados na Palavra, para responder de forma construtiva aos sinais dos tempos. Não é fechamento individualístico sempre em defesa, mas abertura de inteligência e de coração, que acolhe o apelo que vem dos outros, sobretudo dos menores e dos mais pobres.

---

[11] Conforme a expressão de H. U. VON BALTHASAR, in *Saggi Teologici,* vol. III. *Spiritus Creator,* Brescia 1972, 209.

[12] *Credo nello Spirito Santo,* vol. I. *Rivelazione e esperienza dello Spirito,* Brescia 1981, 188.

4. O único consolador e protetor

São as perspectivas que João Paulo colocou, ressaltando que a criatividade deve caracterizar hoje de forma mais profunda o testemunho da caridade: "Trata-se de dar continuidade a uma tradição de caridade, que já teve inumeráveis manifestações nos dois milênios passados, mas que hoje requer, talvez, ainda maior capacidade inventiva. É hora de uma nova 'fantasia da caridade', que se manifeste não só nem sobretudo na eficácia dos socorros prestados, mas na capacidade de pensar e ser solidário com quem sofre, de tal modo que o gesto de ajuda seja sentido, não como esmola humilhante, mas como partilha fraterna".[13]

A vida de Geraldo é testemunho eloqüente desta criatividade, livre e fiel. Se, de uma parte, sua obediência aos superiores é sempre pronta e total, doutra, surpreende os próprios superiores com aquilo que é capaz de "criar", quando o Espírito lhe fala através das necessidades dos pobres. No duro inverno de 1755, acusado, como já recordamos, de deixar a comunidade sem pão, tendo dado o que havia em casa aos tantos famintos que acorreram a Materdomini, Geraldo logo tranqüiliza o superior: "Vossa Reverendíssima não duvide, porque Deus proverá!". De fato, o local onde se amassava pão, até pouco tempo vazio, se enche de pão. Daí o comentário do reitor aos confrades: "Deixem que faça de seu modo, porque Deus brinca com Geraldo".[14]

O "jogo da caridade", para inventar respostas adequadas à novidade dos desafios da pobreza, ainda hoje o Espírito o promove em toda a comunidade cristã. É preciso que cada um de nós se deixe envolver, com todas as suas capacidades e com todos os seus dotes. Só assim o anúncio do Evangelho será credível e penetrará de verdade nos corações: "A caridade das *obras* garante uma força inequivocável à caridade das *palavras*".[15]

---

[13] *Novo millennio ineunte*, n. 50.
[14] *Allegramente*, 90-92.
[15] *Novo millennio ineunte*, n. 50.

5

"Louco" pela Eucaristia

A partir do Concílio Vaticano II, cresceu na consciência dos fiéis a convicção de que a Eucaristia é "cume e fonte" de toda a vida cristã, seja pessoal ou comunitária. Nos projetos pastorais e nos caminhos de formação, a celebração eucarística é colocada com mais clareza no centro; aproximamo-nos com mais freqüência da comunhão; temos uma visão mais ampla das dimensões e dos conteúdos do mistério eucarístico. O caminho a se fazer, porém, é ainda longo e não faltam propostas pouco claras.

Com a encíclica *Ecclesia de Eucharistia* e depois com a escolha da Eucaristia como tema do próximo sínodo dos bispos, João Paulo II quis confirmar e dar novo impulso a esta tarefa. Ela se abre com estas palavras: "A Igreja vive da Eucaristia. Esta verdade não expressa apenas uma experiência diária de fé, mas contém em síntese o núcleo do mistério da Igreja. Com alegria, ela experimenta, de múltiplas formas, a contínua realização da promessa: 'Eis que estou convosco todos os dias, até o fim do mundo' (Mt 28,20); mas na Sagrada Eucaristia, pela conversão do pão e do vinho no corpo e sangue do Senhor, ela goza desta presença com uma intensidade única".[1]

---

[1] *Ecclesia de Eucharistia,* n. 1.

Referindo-nos de novo às perspectivas programáticas de *Novo millennio ineunte,* o Papa sublinha a necessidade que, em toda a Igreja, cresça o "estupor" eucarístico: "Contemplar Cristo implica saber reconhecer onde ele se manifesta, em suas multíplices presenças, mas sobretudo no Sacramento vivo de seu corpo e de seu sangue. A Igreja vive do Cristo eucarístico, por ele é alimentada e iluminada. A Eucaristia é mistério de fé e ao mesmo tempo 'mistério de luz'. Toda vez que a Igreja a celebra, os fiéis podem reviver de alguma forma a experiência dos dois discípulos de Emaús: 'abriram-se os olhos deles e o reconheceram' (Lc 24,31)".[2]

A espiritualidade de Geraldo é um estímulo para procedermos sempre nessa direção. Antes, é difícil compreendê-la, se se prescinde do contato intenso e constante que ele vive com a Eucaristia. Geraldo é verdadeiramente "preso" pela profundidade do amor que leva o Cristo a dar-se sob os sinais do pão e do vinho. Seus dias giram irresistivelmente em torno do tabernáculo.

Ele se move nas perspectivas de seu fundador, Santo Afonso, que, num contexto pastoral de impostação rigorista que tendia a reservar a comunhão só aos perfeitos, não se cansa de repetir: "Sei que os Anjos não são dignos, mas Jesus Cristo julgou digno o homem para erguê-lo de suas misérias. Todo o bem nós o temos deste sacramento: faltando este socorro, tudo é ruína".[3] Geraldo participa também do amor de Afonso pela *visita ao Santíssimo Sacramento,* isto é, pela permanência em diálogo adorante e confiante diante do tabernáculo".[4]

---

[2] *Ivi,* n. 6.

[3] A. TANNOIA, *Della vita ed istituto Del Venerabile Servo di Dio Alfonso M.a Liguori,* vol. II, Nápoles 1802 (rist. anastática Materdomini 1982), 152-153.

[4] As *Visitas ao Santíssimo e a Maria Santíssima,* publicadas por Santo Afonso entre 1744-1745, foram constantemente reeditadas nas diversas línguas até nossos dias, contribuindo para a formação de gerações de cristãos; para a edição crítica, cf. *Opere Ascetiche,* vol. IV, Roma 1939, 289-387.

5. "Louco" pela Eucaristia

Consegue assim dar força e impulso a seu *"alegremente"*. Para os fiéis, "a participação na alegria do Senhor não pode ser dissociada da celebração do mistério eucarístico, onde são nutridos e desalterados por seu corpo e sangue. De fato, assim sustentados, como viajantes na estrada da eternidade, eles já recebem sacramentalmente as primícias da alegria escatológica".[5]

Preso por Cristo na Eucaristia

A profundidade de relação que Geraldo vive com o Cristo eucarístico retorna constantemente nos depoimentos para o processo de sua canonização: "Era incendido de tanto amor para com Jesus Sacramentado, que, o mais das vezes, passava noites inteiras ajoelhado diante do Santíssimo Sacramento; e se não se encontrava no convento, sua habitação era a Igreja, para prolongar suas ardentes orações" (Vicente Zaccardo).[6]

Vive inteiramente tomado pela "loucura" de amor que é a Eucaristia. Significativo é o que recorda Ângelo Sturchio, referindo-se às afirmações do médico Santorelli, muito próximo de Geraldo nos anos de Materdomini: "Uma vez ouvi claramente Geraldo dizer diante do sacrário: *Não é mais louco você, que está encarcerado por mim?* Como se uma voz de dentro do sacrário lhe tivesse dito: *louco*".[7] E esta "loucura" de amor se coloca, depois, como critério fundamental de todas as opções na vida diária, para que sejam sempre para o serviço alegre dos confrades.

O fato de ter sido privado da comunhão, depois da calúnia, é seu maior sofrimento. Caione, porém, sublinha que ele "suportou-o com tamanha alegria e uniformidade, que causava admiração a toda

---

[5] PAULO VI, *Gaudete in Domino,* n. IV.

[6] Cf. *Allegramente,* 22-23.

[7] Cf. *Ivi,* 26.

a comunidade, que sabia muito bem de seu amor terno para com o Santíssimo Sacramento". Quando alguém lhe sugeriu "pedir ao Reitor-mor a graça de lhe conceder a santa comunhão, ele se pôs a pensar um pouco – isto foi perto da porta do coro de Pagani – e depois, com um sentimento muito vivo: *Não, disse, não!* E dando um grande murro sobre uma pequena pilastra da escada, acrescentou: *Morra eu debaixo da prensa da vontade de meu querido Deus*. Costumava, então, responder na base da brincadeira a algum dos padres que o chamavam para ajudar a missa: *Deixe-me ir, não me tente: eu lhe arranco a hóstia das mãos"*.[8]

A jornada como preparação e ação de graças

Em Geraldo, o desejo profundo e confiante pelo Cristo eucarístico é iluminado pela consciência da grandeza do dom. Por isso seu dia vem dividido em preparação e ação de graças, conforme escreve no *Regulamento de vida:* "A ação de graças vai desde esse momento ao meio-dia e do meio-dia até o anoitecer, a preparação (*para comungar*)".[9] Logo antes, referindo-se ao costume de pedir ao superior licença para poder comungar, ele escreve: "Nunca pedirei a sagrada comunhão mais tarde (*fora da missa*), a não ser por grande necessidade, e a pedirei quando me for permitido comungar, para que esteja sempre bem preparado. Se me for negada, farei uma comunhão espiritual no momento em que o sacerdote comunga".[10]

O esforço em não banalizar a comunhão torna Geraldo franco e corajoso também em relação ao próximo. Caione traz um episódio acontecido em Deliceto. Fora mandado para os exercícios espiri-

---

[8] CAIONE, 87-88.

[9] *ScrSp,* 153; *ivi,* 377, n. 36.

[10] *Ivi,* 377, n. 35.

tuais "um pecador público... Exteriormente parece que fazia com devoção e fruto, mas a verdade era que fingia: tanto que, embora confessado, tinha silenciado maliciosamente muitos pecados. Geraldo encontrou-se com ele, enquanto ia comungar e, penetrado em seu interior e em sua simulação, diz: *Aonde vai?* E ele respondeu: *Vou comungar!* Então Geraldo, tomado de zelo, começou a falar-lhe como de costume: *Como? E aqueles pecados?* (e citou-os) *Por que não os confessou? Vá, vá, confessar-se bem, senão...* Ele, vendo seu íntimo a descoberto, meio aterrorizado e chorando, confessou a verdade e foi fazer uma boa confissão, e finalmente partiu dos exercícios santificado e cheio de fervor".[11]

A fraternidade eucarística

Em torno da Eucaristia, desenvolve-se também a fraterna solidariedade com o próximo. Basta ler a carta à madre Maria de Jesus, em abril de 1752: "Não posso enganar-me, pois sei muito bem que aí está nosso apaixonado Senhor, que, encarcerado de amor, é visitado freqüentemente por suas esposas e por V. Revma., que tem sido a primeira carcereira. Por isso eu lhe peço que, com autoridade de caridade materna, mande a todas as suas obedientíssimas filhas que, de minha parte, visitem este seu Divino Esposo. Basta que nesta visita rezem em meu nome um só Glória-ao-Pai. Tenho dito. E ao terminar, digam por mim muitas vezes: Senhor, piedade. E, para o futuro, não se esqueça nunca de recomendar-me a este divino ferido de amor; que eu, cada manhã, indignamente na sagrada comunhão jamais me esquecerei de recomendá-las".[12]

---

[11] CAIONE, 54-55.
[12] *ScrSp*, 35-36; *ER*, 267-268.

Trata-se de uma comunhão que se projeta confiantemente também além da morte. Em março de 1755, ao enviar à madre Maria Celeste Crostarosa um elenco de indulgências que conseguira obter para o mosteiro de Foggia, Geraldo escreve: "Lembro-lhe, ao mesmo tempo, que todas têm obrigação de rezar ao Senhor por mim e de aplicar-me as indulgências que puderem em sufrágio de minha alma, depois de minha morte. O mesmo fica recomendado a todas, todas as prioras, "pro tempore", a fim de que mandem que se dedique alguma comunhão em sufrágio de minha alma... E lembro à priora que governar imediatamente depois de minha morte, que ela seja dedicada a mim, durante oito dias, por todas as irmãs que houver, com as indulgências que ocorrem em favor de minha alma, pois eu também me lembrarei de rezar ao Senhor Deus por elas, a fim de que as faça santas. Amém".[13]

Em 4 de outubro de 1754, Geraldo escreve à madre Maria de Jesus, sobre uma co-irmã falecida: "Vossa Revma. diz que Olivéria me saúda: é verdade, mas é do céu, não daí. Embora indigno, fiz oito dias de comunhões por sua alma e ofereci a ela tudo o que fiz naqueles dias. Assim quero fazer por todas, a fim de que vão para o céu. Por isso, avise a todas e diga a todas as que continuam vivendo, que rezem a Deus por mim, depois que eu também tenha passado à eternidade, e façam igualmente por mim oito dias de comunhões".[14]

É sobretudo na Eucaristia que ele faz invocações confiantes pelos pobres pecadores. Em seu *Regulamento de vida,* escreve: "Minhas contínuas orações, comunhões, etc., oferecidas a Deus juntamente com o precioso sangue de Jesus Cristo, sejam sempre em favor dos pobres pecadores".[15]

---

[13] *Ivi,* 120-121; *ivi,* 350.
[14] *Ivi,* 111; *ivi,* 341 / 342.
[15] *Ivi,* 152; *ivi,* 376, n. 32.

5. "Louco" pela Eucaristia

As comunidades cristãs são hoje chamadas a se tornarem mais "comunidades eucarísticas", "dando particular relevo à *Eucaristia dominical* e ao próprio *domingo*, considerado um dia especial de festa, dia do Senhor ressuscitado e do dom do Espírito, verdadeira Páscoa da semana".[16] Em torno da Eucaristia, de modo especial a dominical, a Igreja se constitui como comunhão, encontra o impulso da evangelização e da caridade, testemunha junto, superando as tendências à dispersão, induzidas de nosso contexto pluralista e fragmentado.

Daí o convite urgente de nossos bispos: "Ápice da iniciação cristã, a *Eucaristia é alimento da vida eclesial e fonte da missão*. Nela a comunidade reconhece o Cristo Salvador do homem e do mundo... Nossas paróquias não se cansam de lembrar a todo cristão o dever-necessidade da fidelidade à missa dominical e festiva e de viver de forma cristã o domingo e as festas. *A vida da paróquia tem seu centro no dia do Senhor e a Eucaristia é o coração do domingo*. Devemos "guardar" o domingo, e o domingo "guardará" a nós e a nossas paróquias, orientando o caminho, alimentando a vida".[17]

---

[16] *Novo millennio ineunte,* n. 35.

[17] *Il volto missionário delle parrochie in un mondo che cambia,* n. 8.

6

Maria, a única alegria

Ao percorrer os escritos de Geraldo, logo ficamos espantados com a referência constante que ele faz a Maria. Pode-se dizer que não há páginas em que a Mãe de Deus e nossa não seja citada, de uma forma ou de outra, a começar pela maneira com que se abrem quase todas as suas cartas: "Jesus + Maria". O mesmo se encontra em sua vida, de acordo com as afirmações das testemunhas no processo de sua canonização: "Ele tinha constantemente na boca o doce nome de Jesus e de Maria" e preocupava-se em distribuir "continuamente aos fiéis terços, crucifixos e imagens dos santos" (Lourenço Ilaria).[1]

Até no leito de morte, quando seus olhos procuram pela imagem do Crucifixo e de Maria e se deixam absorver por ela, como recorda Caione: "Seus olhos ... não deixaram de mirar o crucifixo e um belíssimo quadro de Maria Santíssima, a seus pés. E quantas vezes os olhava, exalava do coração suspiros ardentíssimos".[2]

O amor de Geraldo por Maria é sincero, fervoroso, rico de espontaneidade. Aprendido nos joelhos maternos, conserva os gestos e a linguagem da piedade mariana do povo. No *Regulamento*

---

[1] Cf. *Allegramente,* 34.
[2] CAIONE, 164.

de vida encontramos propósitos como estes: "Seis Ave-Marias com o rosto no chão, de manhã e à noite".[3] "Em todos os momentos de silêncio, dedicar-me-ei a refletir sobre a paixão e morte de Jesus Cristo e sobre as dores de Maria".[4]

Seu relacionamento com Maria é de tal modo profundo que às vezes basta o olhar que se pousa sobre uma imagem para se tornar arrebatamento estático. Como na casa dos Cappucci, segundo testemunho de Saverio Bizzarri, que concorda com as informações do próprio Francisco Cappucci: ele foi visto "um dia, em sua casa, elevado do chão, diante de uma imagem da beata Virgem... gritando, na presença de muitos: *Vejam como é bela, vejam como é bela!* E beijava e tornava a beijar com imenso e extraordinário ardor aquela imagem".[5]

Um episódio, acontecido na comunidade de Materdomini e relatado nos textos do processo de canonização, tem o sabor dos "fioretti" franciscanos: "É voz comum, afirma Pasquale Bracone, que um dia Geraldo disse ao padre Strina: *Você não ama o Menino Jesus!* Strina replicou-lhe: *Você não ama Maria Santíssima!* Foram os dois tão profundamente tocados de amor, que agarrando Geraldo as mãos de Strina, por pouco não foram arrebatados".[6]

Além disso, de acordo com a tradição popular, quando ainda muito jovem, coloca um anel no dedo da estátua da Virgem, na catedral de Muro, para "casar-se" com ela. E Caione, com o estilo moderado que lhe é próprio, acrescenta: "Esta vida tão prodigiosa foi favorecida pelo Senhor com muitas graças sobrenaturais, como êxtases, arrebatamentos e outros, tendo o próprio Geraldo confidenciado isto ao padre Caione, se bem que sempre cobrindo e

---

[3] *ScrSp,* 144; *ivi, 368.*

[4] *Ivi,* 152; *ivi,* 376, n. 32.

[5] Cf. *Allegramente,* 33-34.

[6] Cf. *ivi,* 72.

6. Maria, a única alegria

ocultando, enquanto podia, sua pessoa. Se não me engano, dentro da igreja de Deliceto, também foi favorecido pela presença de Maria Santíssima; e isto também o indagou dele mesmo, quando estava naquela casa de Materdomini".[7]

A protetora

Em toda a sua vida, apesar de incompreensões e dificuldades, Geraldo irradia segurança e liberdade. O segredo está na confiança profunda, com a qual se sabe protegido pela onipotência providente de Deus e pela intercessão materna de Maria. No *Regulamento de vida*, a escolha do Espírito Santo como "único consolador e protetor de tudo" e "defensor e vencedor de todas as minhas defesas" vem acompanhada pela confiança em Maria: "E tu, única alegria minha, Imaculada Virgem Maria, sejas minha segunda protetora e consoladora em tudo o que acontecer. E que, a respeito destes meus propósitos, sejas sempre minha única advogada diante de Deus".[8]

O quanto Geraldo esteja seguro da proteção de Maria aparece, com clareza, num episódio relatado por Caione, lembrado pelo próprio protagonista, o nobre Constantino Cappucci, de Lacedônia, "homem de suma probidade e digníssimo de fé". Uma noite, quando estava para dormir, com toda a família... "ouviu baterem à porta. Ficou um tanto surpreso com isso, ouvindo bater a essa hora o portão, tanto mais que fazia um tempo horrível e havia uma névoa tão densa que não permitia distinguir, nem mesmo à distância de um palmo". Era Geraldo, "completamente molhado e a extremidade das vestes completamente sujas de barro. A alegria de tê-lo em casa uniu-se à

---

[7] CAIONE, 46.
[8] *ScrSp,* 147-148; *ER,* 371.

surpresa de vê-lo assim tão tarde. Geraldo, "com sua simplicidade", disse: "Meu caro senhor Constantino, venho de Melfi, donde parti ao entardecer. E, chegadas a noite e a neve, perdi a estrada e me vi em certo precipício tão perigoso que certamente teria morrido, se o Senhor não me tivesse ajudado. Lá apareceu-me alguém que me disse: *Agora o peguei! Você está desesperado e para você não há mais remédio...* Com isso, fiquei um tanto atemorizado, recomendei-me ao Senhor e ele logo me fez saber que aquele não era um homem, mas um demônio do inferno em imagem humana. Então criei coragem e disse àquele demônio: *Animal feio, eu lhe ordeno em nome de Deus e de Maria Santíssima que me leve direitinho a Lacedônia, sem fazer-me mal algum!* E assim ele fez. E quando percebi que tínhamos chegado à igreja da Santíssima Trindade, eu o dispensei e ele foi embora".[9]

Nos depoimentos para o processo de sua canonização, esta confiança na proteção de Maria diante das dificuldades que o Maligno não se cansa de lhe criar, retorna constantemente. Assim, atesta o irmão Antonio de Cosimo ter ouvido dos confrades que viveram com Geraldo, que "ele teve de sofrer mais e mais vezes maus tratos dos demônios, que o arrastavam à noite pelos corredores, e que ele, sem se perturbar com aqueles espíritos malignos, costumava dizer: *Vocês só podem ladrar. Mas quando estão comigo Jesus e minha mãe Maria, não podem me morder!*"[10]

A referência a Maria não tem apenas este sentido de defesa. É também critério que assegura a validade evangélica das decisões, sobretudo em relação ao amor e à comunhão com o próximo. Significativo é quanto escreve ao padre João Mazzini: "Meu caro padre, quanto o amo, depois de Jesus Cristo e de Maria Santíssima! E espero que seja puro afeto em Deus. Sobre isso não posso expli-

---

[9] CAIONE, 47-48.

[10] Cf. *Allegramente,* 41-42.

6. Maria, a única alegria

car-me. Só Deus o sabe".[11] Por isso recorda à madre Maria de Jesus: "Escrevo-lhe às pressas, minha querida e bendita madre, pondo-me novamente a seus pés e aos de todas essas minhas queridas irmãs, que desejo estejam sempre unidas no lado aberto e escancarado de Jesus Cristo e no coração aflito de Maria Santíssima, onde encontra toda a doçura e todo o repouso".[12]

A mãe da fidelidade

De Maria Geraldo espera de modo especial a graça da fidelidade. Já o vimos na decisão de entrega total a ela, relatada no *Regulamento de vida*. Confirma-o aos destinatários na saudação inicial das cartas. Na carta dirigida ao padre Mazzini, em 26 de julho de 1752, escreve: "A graça do Espírito Santo encha a alma de V. Revma. e nela esteja sempre a Mãe Imaculada. Amém".[13] Análogas são as expressões na carta à madre Maria de Jesus, em fevereiro-março de 1753: "Nosso querido e amoroso Jesus esteja sempre com a senhora, minha boa madre, e nossa Mãe Maria Santíssima a conserve sempre no Ser amoroso de nosso amado Deus. Amém".[14] Ao comunicar o *Regulamento de vida* ao padre Giovenale, assim começa: "A graça divina esteja sempre em nossos corações e Maria Santíssima no-la conserve. Amém".[15]

Não se trata de convencer. Não é seu estilo. Na verdade, ele está firmemente convicto não só da importância da fidelidade, mas também da necessidade de que esta se alimente da confiança no poder

---

[11] *ScrSp,* 47-48; *ER,* 282.

[12] *Ivi,* 25-26; *ivi,* 255.

[13] *Ivi,* 47-48; *ivi,* 281.

[14] *Ivi,*54; *ivi,* 286.

[15] *Ivi,*144; *ivi,* 367.

divino e na proteção maternal de Maria. Daqui sua recomendação à madre Maria Celeste do Espírito Santo, em dificuldades vocacionais: "Se a tempestade não passou, tenho fé e tanta esperança na Santíssima Trindade e em nossa Mãe Maria, que sua caridade há de torná-la santa aí. Não me faça passar por mentiroso. Calque aos pés a cabeça da grande besta infernal, que se esforça por expulsá-la desse santo lugar. Despreze-a: diga-lhe que a senhora é esposa de Jesus Cristo, para que ela o tema. Fique alegre, ame a Deus de coração, dê-se a Ele sem recusa e faça o demônio arrebentar-se e morrer".[16]

Mais geral e decisiva é a exortação dirigida a uma outra religiosa: "Viva precavida e a cada momento se fie e confie em Maria Santíssima, a fim de que ela a assista e, com seu poder, abata qualquer inimigo seu".[17]

No fundo, há a certeza de que a Mãe da misericórdia sabe compreender bem as necessidades e as dificuldades: como em Caná, na falta do vinho (cf. Jo 2,1-11).

Também nisto Geraldo está em profunda sintonia com Santo Afonso, que nunca se cansa de falar a todos da Mãe da Misericórdia. No prefácio às *Glórias de Maria,* sua mais importante obra dedicada à Virgem Maria, não hesita em escrever: "Neste meu livro pretendi mais falar da grande piedade e de sua poderosa intercessão, deixando para outros autores a descrição dos méritos de Maria".[18] Isto porque nela o Cristo colocou "a esperança e o refúgio de todos os remidos".[19]

Ninguém deve duvidar de seu acolhimento e de sua escuta: "Quando Maria vê a seus pés um pecador que vem buscar miseri-

---

[16] *Ivi,* 86; *ivi,* 317.

[17] *Ivi,* 90; *ivi,* 323.

[18] Cf. *Glórias de Maria,* Editora Santuário, Aparecida, SP, 2002, p. 30.

[19] *Ivi,* 9.

6. Maria, a única alegria

córdia, não vê seus pecados, mas a intenção com a qual se aproxima. Se vem com boa intenção, mesmo se cometeu todos os pecados do mundo, ela abraça-o e a amantíssima mãe não deixa de sanar todas as suas feridas que traz na alma; porque ela não é chamada por nós apenas como mãe da misericórdia, mas o é de fato, e assim se faz conhecer com o amor e a ternura com que nos socorre".[20]

A certeza desta misericórdia leva com confiança a um caminho de conversão e de vida nova: quem se recomenda a Maria, "seja ele pecador; mas se recomenda a esta boa mãe com perseverança e vontade de emendar-se, ela terá o cuidado de impetrar-lhe luz para sair desse seu mau estado, arrependimento de seus pecados, perseverança no bem e finalmente a boa morte".[21]

---

[20] *Ivi*, 67.
[21] *Ivi*, 259.

7

Quero fazer-me santo

Num contexto como o nosso, em que a hipoteca do medo se faz forte e, em nome da sobrevivência, tende-se a justificar todo compromisso, deixando de lado valores e projetos, "indicar a santidade, escreveu João Paulo II, é mais do que urgente". É preciso, antes, que justamente a santidade seja considerada "o horizonte para o qual deve tender todo o caminho pastoral".[1]

Não é, certamente, uma tarefa fácil, porque, como recordam nossos bispos, "a cultura pós-moderna valoriza a fé, mas restringe-a à necessidade religiosa; na prática, a fé é estimada e valorizada, se ajuda a conferir unidade e sentido à vida fragmentada e dispersa de hoje. Mais difícil é, ao invés, introduzir à fé como abertura ao transcendente e às opções estáveis de vida no seguimento de Cristo, superando o vivido imediato, cultivando também um êxito público da própria experiência cristã". O empenho missionário de toda a comunidade paroquial deve por isso tender a "fazer passar da pergunta que invoca cura, serenidade e confiança à *forma de existência* que arrisca a *aventura cristã*. Isto vale não só para o serviço

---

[1] *Novo millennio ineunte*, n. 30.

aos outros, mas antes ainda para a opção vocacional, para a vida da família, para a honestidade na profissão, para o testemunho na sociedade".[2]

A tendência para a santidade é dimensão irrenunciável de todo batizado: "Se o Batismo, escreve ainda João Paulo II, é um verdadeiro ingresso na santidade de Deus através da inserção em Cristo e da habitação de seu Espírito, seria um contra-senso contentar-se com uma vida medíocre, pautada por uma ética minimalista e uma religiosidade superficial. Perguntar a um catecúmeno: 'Queres receber o Batismo?' significa ao mesmo tempo perguntar-lhe: 'Queres fazer-te santo?' Significa colocar em sua estrada o radicalismo do Sermão da Montanha: 'Sede perfeitos, como é perfeito vosso Pai celeste' (Mt 5,48)".[3]

O Papa coloca-se na estrada do Concílio Vaticano II, que tem insistido particularmente na necessidade de que todos os fiéis redescubram e vivam com coerência a vocação à santidade que brota do Batismo. No último parágrafo do capítulo V da constituição dogmática sobre a Igreja, *Lumen Gentium,* dedicado explicitamente a esta temática, lê-se: "Todos os fiéis cristãos são, pois, convidados e obrigados a procurar a santidade e a perfeição do próprio estado. Que todos, portanto, atendam a isso e dirijam retamente seus afetos, para que, por causa do uso das coisas mundanas e do apego às riquezas, contra o espírito de pobreza evangélica, não sejam impedidos na busca da caridade perfeita".[4]

A forte experiência amorosa de Deus e de sua vontade confere a toda a vida de Geraldo uma constante tendência à santidade, concretizada no "voto de fazer o mais perfeito, como escreve no *Regulamento*

---

[2] *Il volto missionário delle parrochie in un mondo che cambia,* n. 9.
[3] *Novo millennio ineunte,* n. 31.
[4] *Lumen Gentium,* n. 42.

7. Quero fazer-me santo

de vida, isto é, aquilo que me parece o mais perfeito diante dos olhos de Deus".[5] É uma tendência vivida com alegria, sabendo bem que a santidade é, antes de tudo, dom do Senhor: "Cristo Jesus, Filho de Deus, que com o Pai e o Espírito Santo é proclamado 'único Santo', amou a Igreja como sua esposa. Por ela se entregou com o fim de santificá-la (cf. Ef 5,25-26). Uniu a si como seu corpo e cumulou-a com o dom do Espírito Santo, para a glória de Deus".[6]

O desejo constante

De acordo com toda a documentação histórica que temos, o desejo e a busca da santidade são fortes em Geraldo já na primeira juventude. Recebem, porém, ulterior impulso quando em 1749 ele pede para se unir aos redentoristas, em missões na cidade de Muro: "Irmão Geraldo, recorda Caione, teve todo o espaço para informar-se mais amplamente sobre nosso Instituto. Afeiçoou-se de tal maneira a ele que não saía nunca da casa onde os padres estavam hospedados, fazendo contínuos pedidos ao padre Paulo Cafaro para ser aceito como irmão. Padre Paulo o rejeitou muitas vezes. Ele, porém, sempre persistente, jamais ficou amedrontado com tantas repulsas. Seus pais, nesse interim, ficaram cientes de sua resolução e o fecharam dentro de um quarto, mas ele encontrou um meio de sair: uniu os lençóis da cama, amarrou-os na janela de seu quarto e desceu por eles, deixando um bilhete dizendo aonde ia. E foi para junto dos padres".[7] Ia para "fazer-se santo", como, de acordo com a tradição popular, acrescentou ao bilhete para seus familiares.

---

[5] *ScrSp,* 153-154; *ER,* p. 378, 8.

[6] *Lumen Gentium,* n. 39.

[7] CAIONE, 33.

A profissão religiosa, em Deliceto, dia 16 de julho de 1752, dá-lhe ulterior impulso. O redentorista José Papa depôs no processo de canonização, dizendo que "quando Geraldo professou acreditou ser de maior obrigação adentrar-se com mais fervor ainda na perfeição; nem faltou quem visse esse seu propósito. Pois tendo feito voto em seu coração de realizar sempre o mais perfeito, como narravam seus confessores e de modo especial o padre Celestino de Robertis, não houve dia que não desse um passo na direção da perfeição, até ser considerado vivendo já como verdadeiro santo".[8]

Transbordam de gratidão e de alegria as duas cartas de agradecimento pela profissão religiosa, endereçadas a Santo Afonso e ao padre João Mazzini. "Agradeço-lhes muitíssimo a piedade e a caridade que tiveram comigo junto a sua Divina Majestade, fazendo que nosso Pai desse ordem para eu fazer a santa profissão. Já a fiz no santo dia de nosso Santíssimo Redentor, e espero que sua Divina Majestade não queira jamais me abandonar, mas sempre assistir-me, a fim de que me faça cumprir sua santíssima vontade".[9]

A Santo Afonso confessa: "Bendita seja, por toda a eternidade, a divina vontade, que usou para comigo tantas misericórdias e me fez tantas graças, pouco conhecidas por mim, a ponto de, no dia sacrossanto de nosso Santíssimo Redentor, eu já ter feito a santa profissão e, com isso, consagrei-me a Deus. Ó Deus! Quem fui eu e quem sou eu que ousei consagrar-me a um Deus? Desejaria falar propriamente de minhas indignidades. Não, isso não adianta, pois, quando, sem luz, está em nós a eterna claridade, é louco quem quer falar das verdades eternas! É inútil na vida presente".[10]

---

[8] Cf. *Allegramente*, 150.
[9] *ScrSp*, 47-49; *ER*, 282.
[10] *Ivi*, 51-52; *ivi*, 284.

7. Quero fazer-me santo

A bela sorte

Os "sentimentos mais vivos do coração", sintetizados no *Regulamento de vida*, testemunham definitivamente quanto sejam nele convincentes a estima e a decisão pela santidade: "Tenho agora a maravilhosa ventura de tornar-me santo, e, se a desperdiço, perco-a para sempre. E agora tenho a felicidade de tornar-me santo... Pois, que me falta para fazer-me santo? Tenho todas as ocasiões favoráveis para ser santo. Coragem, pois, quero me tornar santo. Oh! Quão importante é fazer-me santo! Senhor, que loucura a minha! Far-me-ei santo à custa dos outros e depois me queixo? Irmão Geraldo, decida a dar-se totalmente a Deus! Desde agora seja mais sensato e pense que não se fará santo estando só em contínua oração e contemplação. A melhor oração é estar como Deus quer. Permanecer na vontade divina, isto é, em contínuos trabalhos por amor a Deus. É isto que Deus quer de você".[11]

Não é um voluntarismo tenso, porque Geraldo sabe bem que a vontade de Deus é uma vontade de felicidade e de plenitude. Os testemunhos no processo de sua canonização realçam que o empenho pela perfeição foi por ele vivido com uma nota de serenidade e alegria: "Admirável foi a fortaleza com a qual caminhava sob os rigores das mortificações, de forma livre, alegre, fácil, e vencendo os mais terríveis obstáculos que este mundo oferece, no difícil caminho da virtude" (Francisco Vecchi).[12] "Mostrou tal firmeza nos atos de religião e no exercício de toda virtude que nunca se disse que daí retirou seus passos. Praticava com tal contentamento os mais fortes exercícios, fazendo entender serem coisa de nenhum peso" (Pasquale Marinaro).[13]

Tudo isto não porque Geraldo fosse insensível às dificuldades ou supervalorizasse suas forças. Antes de mais nada, é forte nele a certeza

---

[11] *Ivi,* 145-146; *ivi,* 369.3.
[12] Cf. *Allegramente,* 149.
[13] Cf. *Ivi,* 149-150.

da "copiosa redemptio": ou seja, da graça superabundante, com a qual o Pai celeste não se cansa de inundar nossa vida em Cristo, tornando possível nosso esforço. De fato, ele anota no *Regulamento de vida*: "Não te submetas a teus gostos ou aos do mundo. Basta ter só Deus presente e estar sempre nele, em tudo o que fazes. Na verdade, tudo o que se faz unicamente por amor de Deus, tudo é oração... Quero agir neste mundo como se fôssemos somente Deus e eu".[14]

Quando radicados em tal confiança e dela nutridos, os "desejos" de santidade não podem não se tornar vida. A síntese que dela Geraldo faz no *Regulamento de vida* é, para nós, como uma janela escancarada sobre sua profunda tendência para a santidade, que dá sentido a tudo e não lhe permite vacilar, nem mesmo quando as dificuldades e as cruzes se fazem mais pesadas:

"Amar muito a Deus.
Estar sempre unido a Deus.
Fazer tudo por Deus.
Amar tudo por Deus.
Conformar-se sempre com a vontade de Deus.
Sofrer muito por Deus".[15]

Cada um em seu caminho

Estas mesmas perspectivas de vida Geraldo propõe, com confiança, também aos outros: todos devem render-se ao amor misericordioso de Deus, acolhê-lo sem reservas, deixar-se conduzir no caminho da santidade. As circunstâncias, os esforços e as próprias

---

[14] *ScrSp*, 146; *ER*, 370.
[15] *Ivi*, 145; *ivi*, 369.

7. Quero fazer-me santo

dificuldades são vistas como novas oportunidades para uma resposta sempre mais generosa. Ele o recorda, por exemplo, à madre Maria de Jesus, quando deixa o ofício de superiora, em maio de 1753: "Vamos, pois, grande ânimo no amor a Deus e no fazer-se grande santa, porque agora tem mais tempo que antes, pois não tem tantos trabalhos como antes".[16]

Até um simples presente pode tornar-se motivo e estímulo para recordar a possibilidade e o empenho pela santidade: "Querida irmã, lembrei-me de que V. Revma. queria um livrete de cânticos, desde o ano passado; mas, porque não tive oportunidade, não lho enviei: esperei a ocasião. Agora que me encontro em Nápoles, lembrei-me de novo. Desde já, ei-lo, lho envio. Cante em sua cela para que se faça uma grande santa".[17]

E isto até em seu leito de morte, como sugere, com força, a Isabel Salvadore: "Minha filha, outra coisa não há, senão amar só a Deus e nada mais. Por isso lhe peço que se despoje de todas as paixões e apegos do mundo e se una toda estreitamente a Deus. Vamos, querida filha, resolva-se finalmente ser toda de Deus! Como é belo ser toda de Deus! Elas o sabem, aquelas abençoadas e felizes almas que o provam; prove-o você também e depois me dirá".[18]

Geraldo está em plena sintonia com Santo Afonso que, reagindo a um contexto eclesial que considera a santidade quase um privilégio de poucos, empenha-se com todas as forças em traçar caminhos que a faça de todos, começando dos mais humildes. Iniciou esta obra, desde jovem sacerdote, nos quarteirões pobres de Nápoles, criando grupos de formação e de oração (as *Capelas Vespertinas*). Depois continuou nas missões populares, projetadas de forma a abrir a todos o

---

[16] *Ivi,* 58; *ivi,* 290.

[17] *Ivi,* 101-102; *ivi,* 332.

[18] *Ivi,* 133-134.

caminho de santidade através da oração, do aprofundamento pessoal das verdades fundamentais como a meditação e os sacramentos. Transformou-o depois em estribilho que marca o compasso de todos os seus escritos: "É um grande erro dizer como alguns dizem: Deus não quer que todos sejam santos. Esta é a vontade de Deus, vossa santificação. Deus quer todos santos, cada um em seu estado de vida: o religioso como religioso, o leigo como leigo, o sacerdote como sacerdote, o casado como casado, o negociante como negociante, o soldado como soldado, e assim em todos os estados de vida".[19]

O Concílio, ao recolocar com força a vocação universal à santidade, preocupou-se em realçar que esta se explicita numa multiplicidade de formas, ditadas pelas situações e tarefas da própria vida: "Todos os que, movidos pelo Espírito de Deus, obedecem à voz do Pai e adoram a Deus Pai em espírito e em verdade, cultivam nos vários gêneros de vida e ofícios uma única santidade. Eles seguem a Cristo pobre, humilde e carregado com a cruz, para que mereçam ter parte em sua glória. Mas cada qual deve avançar sem hesitação segundo os próprios dons e cargos pelo caminho da fé viva, que excita a esperança e opera a caridade". Por isso "todos os fiéis cristãos nas condições, ofícios ou circunstâncias de sua vida, e através disto tudo, dia e noite, mais se santificarão, se com fé tudo aceitam da mão do Pai celeste e cooperam com a vontade divina, manifestando a todos, no próprio serviço temporal, a caridade com que Deus amou o mundo".[20]

Quando a santidade é vivida nestas perspectivas, torna-se estímulo e promoção de uma maior qualidade humana de toda a vida, mesmo social: a santidade, lembra ainda o Concílio, "promove na própria sociedade terrena um modo mais humano de viver".[21] O mundo de hoje tem necessidade disto, mais agora que no passado, para continuar a esperar.

---

[19] *A Prática do Amor a Jesus Cristo,* Editora Santuário, 2002, p. 91.
[20] *Lumen Gentium,* n. 41.
[21] *Ivi,* n. 40.

8

Repleto de santa fé

Em fevereiro-março de 1753, escrevendo à madre Maria de Jesus, Geraldo resume a preocupação fundamental de sua vida nestes termos: "Ó Deus, quem viverá sem a santa fé? Eu desejaria sempre exclamar e ser ouvido em todo o universo e dizer sempre assim: viva nossa santa fé em nosso Deus bem amado! Só Deus merece ser amado! E como poderei viver se falto a meu Deus?"[1]

A fé é o coração, a base e a energia de toda a vida cristã. Está ligada de modo especial a esta autenticidade de todo caminho espiritual. Quando a centralidade da fé vem ocultada ou diminuída, não se pode mais falar em fidelidade ao Evangelho: "Quanto a nós, pelo Espírito e pela fé, esperamos a justiça desejada. Sendo de Cristo, não importa estar ou não circuncidados; o que conta é uma fé ativada pelo amor" (Gl 5,5-6).

Os desafios que o contexto cultural coloca diante de nós são múltiplos. Particularmente forte é a tendência, motivada de diversas formas, a confinar a fé apenas ao âmbito do privado, esvaziando-a de todo significado social. Da mesma forma, acentuado é o desafio de um redimensionamento e de uma relativização de seus conteúdos,

---

[1] *ScriSp,* 55; *ER,* 287.

tornado muitas vezes mais agudo ainda pela preocupação de não transformá-lo em motivo de divisão e de contraposição. Então a fé acaba por ser identificada com um vago senso de religiosidade, que escolhe as respostas de acordo com as diferentes situações da vida. Não faltam nem mesmo aqueles para os quais ela permanece uma herança recebida da infância, a ser valorizada em determinados momentos, sem, porém, influir nas opções de todos os dias.

Daí o apelo de nossos bispos a um empenho renovado por uma fé verdadeiramente madura: "Parece-nos importante que a comunidade seja corajosamente ajudada em amadurecer *uma fé adulta, "pensada"*, capaz de manter juntos os vários aspectos da vida, fazendo uma unidade de tudo em Cristo. Só assim os cristãos serão capazes de viver no cotidiano, no comum – feito de família, de trabalho, de estudo e de tempo livre – o seguimento do Senhor, até a *dar a razão da esperança* que os habita (cf. 1Pd 3,15)".[2]

Na presença de Deus

A fé é o dom de Deus por excelência. Deve ser acolhida com gratidão, ser cultivada e fazê-la produzir frutos: "Nossa vida moral encontra sua fonte na fé em Deus que nos revela seu amor. São Paulo fala da 'obediência da fé' (Rm 1,5) como da primeira obrigação. Ele vê no 'desconhecimento de Deus' o princípio e a explicação de todos os desvios morais. Nosso dever em relação a Deus consiste em crer nele e dar testemunho dele".[3]

O crescimento na fé nasce da oração. Como os apóstolos, o cristão não se cansa de dirigir a Cristo o pedido premente: "Senhor,

---

[2] *Comunicare il Vangelo in un mondo che cambia n. 50.*
[3] *Catecismo da Igreja Católica*, n. 2087.

8. Repleto de santa fé

aumenta nossa fé!" (Lc 17,5). Mas são também indispensáveis o empenho coerente de formação e a vigilância para não evitar as possíveis deformações.

De fato, muitas vezes fecham nossa fé em perspectivas intelectualísticas: um assentimento, mais ou menos decidido, a algumas verdades reveladas por Deus, que nossa razão não consegue explicar a fundo. Corremos o risco então de esquecer que as "verdades" da fé são como as setas de direção que nos indicam o caminho para o encontro com o Deus vivo: o Deus que, para viver em comunhão conosco, não hesitou em encarnar-se em nossa história, em fazer-se Eucaristia por nós. Quando isto acontece, torna-se também mais problemática a coerência da vida: o bem a se realizar, em vez de resposta e exigência do amor, aparece-nos como dever sufocante, difícil de cumprir.

Numa feliz síntese, nossos bispos escreveram no início dos anos Noventa: "A verdade cristã não é uma teoria abstrata. É, antes de tudo, a pessoa viva do Senhor Jesus (cf. Jo 14,6) que vive ressuscitado no meio dos seus (cf. Mt 8,20; Lc 24,13-35). Só pode ser acolhida, compreendida e comunicada no interior de uma experiência integral, pessoal e comunitária, concreta e prática, na qual o conhecimento da verdade encontre correspondência na autenticidade do amor. Essa experiência tem um rosto preciso, antigo e sempre novo: o rosto e a fisionomia do amor".[4]

A fé autêntica é olhar claro que permite chegar a esta presença em todos os acontecimentos da vida; é sintonia com ela num diálogo confiante e incessante; é descoberta alegre da confiança com a qual o Cristo nos chama a cooperar com ele para atuar, nos diferentes contextos, sua vitória sobre toda espécie de morte. "A Ressurreição, escrevem ainda nossos bispos, faz da história humana o *espaço do*

---

[4] *Evangelizzazione e testimonianza della carità,* n. 9.

encontro possível com a graça de Deus, com aquele amor gratuito que desde o início criou o homem para viver em comunhão com Ele e para dar-lhe a vida eterna. Este é o projeto de Deus, esta a sua vontade, para todos".[5]

Geraldo, com seu estilo concreto e imediato, costuma resumir isto numa brilhante expressão: "Se Deus tirasse de nossos olhos esta viseira, veríamos em todo lugar um paraíso. Debaixo destas e daquelas pedras, está Deus".[6]

Tudo então adquire significado, abrindo-se à confiante esperança no "caro" Deus. Geraldo pode, então, escrever a um senhor, atingido por pesados "problemas": "Só uma coisa é necessária: sofrer tudo com resignação à divina vontade, pois isso o ajudará para sua eterna salvação. Agüente firme, pois isso o ajudará contra as tentações. Espere com fé e obterá tudo de meu amado Deus".[7]

Sobretudo na Eucaristia

Os depoimentos para o processo de sua canonização ressaltaram o constante e confiante viver na presença do querido Deus, até à comunhão do êxtase. O redentorista Francisco Alfani, repetindo as afirmações dos confrades que o conheceram diretamente, lembra: "Diziam que não houve um momento em que Geraldo não tivesse a mente elevada em Deus, em cuja contemplação mergulhava tanto que, como teólogo profundo, falava dos mais elevados mistérios de nossa fé, especialmente da augusta Santíssima Trindade e da encarnação do Verbo... via-se continuamente abrasado de tal força de

---

[5] *Comunicare il Vangelo in un mondo che cambia,* n. 26.
[6] *Lettere,* 29.
[7] *ScrSp,* 127; *ER,* 356.

8. Repleto de santa fé

amor divino, que prorrompia em exclamações de fé, que envolvia também os que estavam presentes".[8]

Não se deve, portanto, ficar admirado que a Eucaristia, sacramento por excelência da presença de Cristo entre nós, tenha particular importância em sua espiritualidade. Já vimos isso anteriormente. No entanto, é bom retomá-lo ainda uma vez, já que no *Regulamento de vida* Geraldo anota esta "reflexão": "Senhor, faça que me seja recomendada de modo especial a vivacidade da fé no Sacramento do altar".[9]

Esta profunda fé na Eucaristia está entre os traços de sua vida que mais ficaram gravados na memória do povo, como resulta dos depoimentos ao processo de sua canonização. Já lemos alguns. Vale a pena, porém, transcrever ainda o da madre Maria Benedita Corona, monja beneditina de Atella: "Geraldo, depois da comunhão, fica a manhã toda absorto em oração, parecendo como se não existisse; não saía daquele estado, senão por um ato de obediência ao reitor; de outra forma não despertaria. Sua posição comum na oração era prostrar-se por terra. Disto era testemunha ocular a referida madre abadessa, que ia pessoalmente ao coro, gritando em alta voz: *Ah! Geraldo louco! Louco de Jesus Cristo! Os padres estão à mesa com o Reitor!*".[10]

E quando a intensidade da comunhão com o querido Deus o pára no trabalho confiado, Geraldo não hesita em responder candidamente a quem lhe lembra a hora não respeitada: *"Oh! Vocês têm pouca fé... os anjos, o que têm a fazer?* E assim dizendo dirigiu-se junto com os companheiros para a cozinha. E estes viram, com surpresa, que o tudo estava pronto para o almoço" (Antonio di Cosimo).[11]

---

[8] Cf. *Allegramente*, 22.
[9] *ScrSp*, 147.
[10] Cf. *Allegramente*, 23.
[11] Cf. *ivi*, 33.

As imagens sacras

Às vezes basta que Geraldo repouse o olhar em alguma imagem do Cristo ou de Maria, para que a presença de Deus se transforme em êxtase. O redentorista Cláudio Ripoli afirma que a "fé de Geraldo era a de um anjo sempre fervoroso e constante na oração, de modo que muitas vezes ficava imóvel e fora de si, arrebatado em doce êxtase, quando diante do Santíssimo Sacramento e das imagens de Maria".[12]

Já tivemos ocasião de ler, refletindo sobre seu amor a Maria, o episódio da casa dos Cappucci, quando o vêem "elevado do chão diante de uma imagem da beata Virgem Maria", beijando-a "com grandíssimo e extraordinário ardor" e gritando: *Vejam como é bela, vejam como é bela!*[13]

A distribuição "contínua que fazia de terços, crucifixos e imagens de santos",[14] recordada por testemunhas no processo de sua canonização, não significa ceder à superficialidade de certa religiosidade popular. Trata-se, ao invés, de não deixar faltar sinais que convocam à presença do querido Deus, para com Ele falar de modo familiar e abrir-se, assim, à esperança e produzir frutos generosos de caridade.

Nestes últimos meses, têm sido fortes as reações às tentativas de remover o Crucifixo das escolas, dos hospitais e de outros edifícios públicos. Creio que seja justo pedir que se respeite a história cultural de nosso povo, enraizada em valores cristãos. Mas deveríamos, antes, perguntar-nos sobre a qualidade das imagens dependuradas nas paredes de nossas casas. Muitas vezes, são deixadas de lado as cargas de significado religioso para substituí-las por outras, que são apenas convite à violência ou ao consumismo, mesmo em relação ao corpo.

---

[12] Cf. *ivi.*

[13] Cf. *ivi*, 34.

[14] Cf. *ivi.*

9

Irradiava Deus

A superação da ruptura entre fé e vida constitui hoje um empenho prioritário para toda a comunidade cristã. Ainda não foram superadas as rupturas do passado, motivadas por visões muito intelectualísticas, que olhavam a fé apenas como adesão a verdades inexplicáveis. A elas, no entanto, acrescentam-se novas por causa das crescentes dificuldades que nosso contexto secularizado e pluralista coloca a uma efetiva e clara coerência. Depois da Conferência de Palermo, nossos bispos escreveram: "A crise de nosso País não é superficial, mas 'atinge os níveis profundos da cultura e o ethos coletivo'. Tem suas raízes no secularismo e na descristianização, ou seja, na marginalização e esquecimento de Deus e no eclipse da fé em Jesus Cristo. Daí resultam a concepção distorcida de uma liberdade humana sem verdade objetiva, o esmorecimento de valores morais, como os da vida, da família, da solidariedade e, enfim, a desordem da convivência civil".[1]

Mais recentemente, no documento *Comunicar o Evangelho num mundo em transformação,* os bispos acrescentaram: "*Na mentalidade comum* e conseqüentemente *na legislação,* difundem-se, em diversos argumentos, tomadas de *posição distantes do Evangelho* e em claro

---

[1] *Con il dono della carità dentro la storia,* n. 7.

contraste com a tradição cristã. Isto em relação à forma de compreender questões bastante delicadas como os problemas da relação entre o Estado e as instituições sociais – em primeiro lugar a família – da economia e das migrações dos povos, seja a respeito da visão da sexualidade, da procriação, da vida, da morte e da faculdade de intervenção do homem sobre o homem. Hoje, mais do que nunca, exige-se do cristão uma autêntica vigilância profética: seu testemunho e anúncio devem ser de acordo com o Evangelho".[2]

Crescem em volta de nós aqueles que não crêem no Evangelho ou que não mais o reconhecem como luz que dá significado à vida. Por isso é necessário que todo fiel redescubra como essenciais a sua fé o testemunho e o anúncio nos ambientes onde vive. Quanto menos freqüentes os sinais de Deus, tanto mais todo batizado deve comprometer-se em irradiá-lo com clareza. Não podemos dizer-nos crentes, se não sentimos a necessidade de comunicar também aos outros a grande esperança que encontramos em Cristo.

A fé de Geraldo não é apenas profunda e amorosa comunhão com seu querido Deus, mas irradiação coerente em todos aqueles que o encontram. Como ele, devemos viver contagiando os outros com nossa fé, com franqueza livre e respeitosa.

A fidelidade na vida cotidiana

A fé de Geraldo imprimiu-se na memória do povo sobretudo por sua capacidade de "incomodar" a onipotência divina em favor dos mais necessitados. O próprio Cristo disse: "Eu vos asseguro: se tivésseis fé como um grão de mostarda, diríeis àquele monte que se deslocasse dali, e ele se deslocaria. E nada seria impossível para vós" (Mt 17,20).

---

[2] *Comunicare il Vangelo in un mondo che cambia,* n. 40.

9. Irradiava Deus

As testemunhas do processo de canonização não cessam de ressaltar isso. Acrescentam, porém, que ela se exprime também numa fidelidade atenta e generosa em toda a vida cotidiana: "Meus antepassados contavam-me que Geraldo observou de modo extraordinário os preceitos de Deus e da Igreja, e todos o tinham como homem extraordinário e santo e exercitava as virtudes como um santo" (Vicenta Jasilli); "teve o dom da fé, realizando tudo por Deus e em tudo fazia a vontade de Deus" (Maria Rosa Lupo); "durante todo o tempo de sua vida observou de modo sobrenatural e heróico os preceitos de Deus e da Igreja, e fazia de tudo para não cometer um pecado venial. Observou de modo singular e edificante as regras da Congregação" (André Petrone).[3]

Tudo brota do profundo desejo da glória de Deus, que se transforma em sofrimento quando esbarra com o pecado ou com a indiferença, como lembra outro testemunho, Lourenço Cafulli: "Não contente em ser muito pontualíssimo e fiel neste exercício de observância regular, amava e desejava ardentemente que cada cristão a cumprisse diligentemente. E quando observava alguma transgressão da lei divina e ofensa a Deus nos outros, ele ficava tão triste que muitas vezes chorava dizendo que estaria mil vezes contente em dar a própria vida, para que Deus não fosse ultrajado e sua divina lei fosse plenamente realizada e cumprida.[4]

Sempre pronto para evangelizar

O testemunho convicto é certamente o melhor meio para levar Cristo aos fiéis. Devemos, no entanto, estar prontos a "prestar contas" da vida e da esperança que nos foi dada (cf. 1Pd 3,15). A franqueza da palavra é hoje ainda mais necessária, se não quisermos que os outros

---

[3] Cf. *Allegramente,* 14-15.
[4] Cf. *ivi,* 15.

90 Comunicar a alegria e a esperança

venham sufocados por informações e propostas, gritadas de todas as formas, mesmo se nem sempre corretas. Devemos saber acolher com inteligência todas as possibilidades para evangelizar.

O respeito pelos outros certamente não significa privá-los da ajuda mais importante: a da proposta da verdade. Ao fazê-lo o cristão sabe que deve ser fiel ao modo com que o Cristo a anunciou: "Não gritará, não discutirá, não levantará a voz pelas ruas. Não quebrará o caniço rachado, não apagará o pavio vacilante. Promoverá eficazmente o direito. Em seu nome esperarão os pagãos" (Mt 12,19-20). Sabe, por outro lado, que não pode deixar de fechar a boca da moda do tempo: "Vós sois o sal da terra: se o sal perde o gosto, com que o salgarão? Serve somente para ser jogado fora e para que as pessoas o pisem. Vós sois a luz do mundo. Não se pode esconder uma cidade construída sobre um monte. Não se acende uma lamparina para tapá-la com uma vasilha, mas para colocá-la no candelabro, a fim de que ilumine todos os que estão na casa. Brilhe vossa luz diante dos homens, de modo que, ao ver vossas boas obras, glorifiquem vosso Pai do céu" (Mt 5,14-16).

E isto mesmo a custo de incompreensões ou perseguições: "O discípulo não está acima do mestre nem o servo acima do senhor. Ao discípulo basta-lhe ser como seu mestre e ao servo como seu senhor. Se chamaram de Belzebu ao dono da casa, quanto mais a seus empregados... O que vos digo de noite, dizei-o em pleno dia; o que escutais no ouvido, apregoai dos terraços. Não temais os que matam o corpo e não podem matar a alma; temei antes àqueles que podem acabar com o corpo e a alma no fogo" (Mt 10,24-28).

Geraldo não dispensa "nenhum meio, assim depõe Francisco Troiano, para promover a glória de Deus e a salvação das almas, instruindo os moços e ignorantes nos rudimentos de nossa santa fé".[5] Do mesmo

---

[5] Cf. *ivi*, 18-19

9. Irradiava Deus

teor, mas mais detalhado, é o depoimento do redentorista Francisco Alfani: "É visto, quando porteiro no colégio de Caposele, instruindo os meninos e as meninas pobres nos rudimentos da fé e, com afeto de pai, instruir também os pobres mais provectos; movê-los a colocar-se na graça de Deus, a confessar-se bem, e a aproximar-se da graça de Jesus Cristo, feito pobre por nós; e assim tivessem a esperança de se verem consolados".[6]

Lembrando a generosidade de Geraldo em favor dos pobres, no duro inverno de 1755, Caione preocupa-se de colocar em evidência a tensão evangelizadora: "Naquele ano... reinava uma extrema penúria em Caposele, tanto que eram mais de 120 os pobres que vinham até nossa portaria toda manhã. E aqui não podemos expressar toda a caridade com a qual Geraldo deles se apiedava e a eles socorria em suas misérias. Fazia-se tudo para todos, consolava-os com aquelas costumeiras palavras de paraíso, instruía-os nas coisas da fé, fazia-lhes alguma pregação devota e depois dava-lhes a esmola, e eles se iam duplamente consolados".[7]

Aonde Geraldo vai, revoluciona os corações, abrindo também os mais empedernidos. É significativo o que sucede a um grupo de jovem, em Castelgrande, conforme nos relata Caione: "Admirável foi ele ter atraído para Deus 15 jovens de má vida com suas pregações simples, mas cheias de ardor. Quando partiu, eles foram atrás de Geraldo, que os levou até Caposele, onde fizeram uma boa confissão em nossa casa de Santa Maria de Materdomini. E continuaram, por mais tempo, vindo em grupo, todo sábado ao entardecer, para se confessarem no domingo seguinte. E se contentavam em dormir em barracas diante da porta de nossa igreja, o que impressionou tanto nosso padre Paulo que disse com sentimento e com ênfase: *Aonde ele vai, chega um terremoto!*"[8]

---

[6] Cf. *ivi,* 19.
[7] CAIONE, 104.
[8] *Ivi,* 78.

Como um teólogo

Geraldo não é uma pessoa de cultura elevada. Quando se trata da verdade evangélica, suas palavras atingem, abrindo os corações. Normalmente quem o escuta fica estupefato por sua penetração na verdade e pelo ardor com que a comunica.

Tudo brota daquela "clareza", feita de amor e contemplação, evocada na carta escrita a Santo Afonso para agradecer-lhe a profissão religiosa: "Ó Deus! Quem fui e quem sou eu que ousei consagrar-me a um Deus? Desejaria falar propriamente de minhas indignidades. Não, isso não adianta, pois, quando, sem luz, está em nós a eterna claridade, é louco quem quer falar das verdades eternas! É inútil na vida presente".[9]

Desta comunhão com a verdade brotou o discorrer de Geraldo "como se tivesse sido um mestre em coisas difíceis de nossa santa religião; falava de matérias teológicas e morais; e todos os que o escutavam ficavam surpresos como falava tão bem de coisas e de matérias que não tinha aprendido" (André Petrone).[10]

No mesmo tom as afirmações de Giancamillo Ripoli, Reitor-mor maior dos Redentoristas: "Irmão Geraldo falava de Deus e de seus atributos divinos sempre que podia e com tanto afeto que podia ser considerado um louco enamorado; e mais ainda: embora quase iletrado, falava com tanta propriedade que causava espanto a todos. Por suas palavras sobre a fé e a mística, era considerado um douto teólogo; e apenas as pronunciava via-se todo absorto".[11]

---

[9] *ScrSp*, 52; *ER*, 284.

[10] Cf. *Allegramente*, 32.

[11] Cf. *Ivi*, 31.

9. Irradiava Deus

Ao convidar todas as comunidades paroquiais a encontrar de forma mais decidida o impulso da evangelização, nossos bispos sublinharam que esse é o "empenho de sempre e de hoje", acrescentando: "Estar no barco junto com Jesus, partilhar de sua vida na comunidade dos discípulos, não nos faz estranhos aos outros, não nos dispensa de propor a todos serem seus amigos. Ele próprio exorta os discípulos a ir mais para o fundo: *'Duc in altum'* (Lc 5,4). João Paulo II, no início do terceiro milênio, renova o convite de Jesus a toda a Igreja para que assuma com coragem, com 'um novo dinamismo', a própria responsabilidade para com o Evangelho e com a humanidade. Pede-se para *nos dispormos à evangelização, para não ficarmos inertes,* fechados numa comunidade voltada para si mesma e para levantarmos os olhos mais além, sobre o vasto mar do mundo, para lançar as redes, a fim de que todo homem encontre a pessoa de Jesus, que tudo renova".[12]

Com confiança, é preciso também iluminar com a luz do Evangelho os grandes desafios que põem em discussão o próprio futuro da humanidade: paz, justiça e solidariedade, respeito à vida, sábio uso das conquistas científicas... Será então necessário aprender a unir o diálogo e o anúncio. "Para a eficácia do testemunho cristão, especialmente nestes âmbitos delicados e controversos, é importante fazer um grande esforço para explicar adequadamente os motivos da posição da Igreja, sublinhando sobretudo que não se trata de impor aos não crentes uma perspectiva de fé, mas de interpretar e defender valores radicados na própria natureza do ser humano. A caridade tomará então necessariamente a forma de serviço à cultura, à política, à economia, à família, para que em toda a parte sejam respeitados os princípios fundamentais de que dependem o destino do ser humano e o futuro da civilização".[13]

---

[12] *Il volto missionario delle parrochie in un mondo che cambia,* n. 1.
[13] *Novo millennio ineunte,* n. 51.

Deverá sobretudo contagiar os outros com a alegria e a esperança que o Espírito renova incessantemente em nós: "A alegria ampla e profunda, que já desta terra se difunde no coração dos verdadeiros fiéis, não pode senão aparecer como 'difusiva sui', exatamente como a vida e o amor, dos quais é um sinal feliz. Ela resulta de uma comunhão humano-divina e aspira a uma comunhão sempre mais universal. De forma alguma poderá induzir quem a experimenta a uma atitude de fechamento em si mesmo. Ela confere ao coração uma abertura católica sobre o mundo dos homens, enquanto o faz sentir, como uma ferida, a nostalgia dos bens eternos".[14]

O diálogo e a irradiação, porém, não podem nunca prescindir da fidelidade à "loucura" e à "fraqueza" da cruz, como diria são Paulo (cf. 1Cor 1,33-35), antes devem propô-las com franqueza, respeitosa e decidida, nas mil situações de nossa vida. O Crucificado é a resposta que Geraldo indica a quem encontra em seu caminho. Por isso ele inicia toda a sua ação com um sinal da cruz, como lembra Vicente Pepe: "Desde criança e em todo o tempo de vida, quando queria dizer ou fazer alguma coisa, fazia o sinal da santa cruz".[15]

A espiritualidade geraldina é essencialmente missionária: convida a colocar-se prontamente a caminho na direção de quem tem necessidade de encontrar o Cristo como amor que cura, verdade que ilumina, esperança que projeta confiantemente para a frente. A família, o lugar de trabalho ou de divertimento, a escola, a rua devem se transformar em oportunidade para comunicar o Evangelho: com respeito sincero, mas também com franqueza alegre e irradiante.

---

[14] Cf. *Gaudete in Domino,* IV.

[15] Cf. *Allegramente,* 17-18.

10

Sempre nas chagas de Jesus

Dos escritos de Geraldo desponta com clareza quão profunda e sentida é a relação que ele vive com o Crucificado: é tão intensa que, se se prescinde disto, torna-se impossível compreender seu caminho espiritual. De resto, é este o horizonte em que o povo compreendeu Geraldo: é difícil pensar uma imagem sua sem o Crucifixo. Esta também é a indicação da Igreja, que na Liturgia nos faz rezar: "Ó Deus, que atraístes para vós São Geraldo desde sua juventude e o fizestes conforme à imagem de vosso Filho Crucificado, fazei que também nós, seguindo o exemplo de sua vida, sejamos transformados na mesma imagem".

Se pudéssemos perguntar a Geraldo onde está o segredo de sua espiritualidade, certamente ele nos responderia com as palavras do apóstolo Paulo aos cristãos de Corinto: "Entre vós não decidi saber outra coisa a não ser Jesus Messias, e este, crucificado" (1Cor 2,2), acrescentando, com Santo Afonso, que o Crucificado é amor que "obriga-nos e como que nos constringe a amá-lo".[1]

Numa sociedade como a nossa, que busca, com todos os meios, evitar e remover a cruz, legitimando inclusive a própria

---

[1] *A Prática do amos a Jesus Cristo,* Editora Santuário, Aparecida, SP, 2002, cap. I, p. 11.

supressão das vidas marcadas de forma mais profunda por ela, devemos permanecer fiéis à sabedoria e à força do Crucificado, certos de que, só seguindo a Ele, são possíveis respostas autênticas aos problemas, mesmo aos mais graves. "Até que ponto Deus é caridade, observam nossos bispos, e que caridade Ele é, saberemos somente em Cristo e em sua morte de cruz pela salvação dos homens. É o grande e alegre anúncio do Novo Testamento." Por isso, mesmo que a cruz seja ainda para muitos "escândalo" e "loucura", exatamente "a razão de seu escândalo – o amor gratuito, misericordioso e onipotente de Deus pelos homens – é para os fiéis a razão de sua força e de sua verdade".[2]

O olhar fixo no Crucificado

Durante sua última doença, escreve Caione, Geraldo "fizera colocar no quarto, na parede em frente a seu leito, um grande crucifixo de papelão, todo dilacerado e ensangüentado, e isto para sofrer e animar-se a sofrer mais alegremente as dores e penas de sua doença. Antes, durante o dia levantava-se, como podia, e, tendo feito acomodar uma pequena cama debaixo do referido crucifixo, aí ficava por uma ou duas horas fora de si e com uma face de agonizante, unindo suas penas às de seu Redentor".[3]

O olhar de amor sobre o crucifixo acompanhou todos os passos de Geraldo, com uma intensidade que tantas vezes se transformou em êxtase, como recordam os testemunhos no processo de sua canonização: "Geraldo ficava tão tocado quando contemplava a Paixão de nosso Senhor Jesus Cristo, que mais vezes era visto ficar em êxtase: um dia, estando no refeitório onde havia uma estátua do *Ecce Homo*, foi

---

[2] *Evangelizzazione e testimonianza della carità,* n. 12-13.

[3] CAIONE, 149.

10. Sempre nas chagas de Jesus

visto ser arrebatado em êxtase por um congregado, que casualmente ali entrou" (Rosa Bisogno); "o profundíssimo amor não lhe deu descanso até à morte. Em todas as suas ações, mesmo não querendo, ficava fora de si. Dedicava-se a fazer as imagens da paixão com papelão e, ao contemplá-las, ficava fora dos sentidos" (Francisco Alfani).[4]

Em tudo isto, Geraldo caminha em sintonia com Santo Afonso, que não se cansa de inculcar a meditação do Crucificado, para tornar sempre mais forte a memória do amor misericordioso de Deus por nós. O projeto de missão popular, por ele elaborado, lembra o primeiro biógrafo, Tannoia, visa trazer o povo aos pés do Crucificado com a "vida devota": "Consistia, em primeiro lugar, em instruir o povo sobre a maneira de rezar mentalmente; explicava-lhes a necessidade e colocava em vista a utilidade desse tão pio exercício. Depois, por uma meia hora, fazia-se meditar praticamente a dolorosa paixão de Jesus Cristo. Eram tão tenras em sua boca estes sentidos da paixão, que se viam na igreja rios de lágrimas; e onde antes se chorava por dor, nessa meditação se fazia por amor. Querendo comover sensivelmente o povo, mostrava nas últimas dessas meditações, uma grande tela, onde estava pintado Jesus morto na cruz, que ele mesmo pintara, mas todo sangue, e despedaçado em seus membros. Essa meditação, que por si só levava todos às lágrimas, produzia o maior fruto na missão".[5]

Na *Prática do Amor a Jesus Cristo,* Afonso escreve: "Oxalá os homens considerassem, olhando Jesus Crucificado, o afeto que ele teve a cada um de nós! São Francisco de Sales dizia: Ficaríamos abrasados à vista das chamas que se encontram em nosso Redentor! Que felicidade poder arder naquele fogo em que arde nosso Deus! Que alegria estarmos unidos a Deus em cadeias de amor! São Boaventura

---

[4] Cf. *Allegramente,* 61.

[5] TANNOIA, *Della vita ed istituto del Venerabile Servo di Dio Alfonso M.a Liguori,* vol. I, Nápoles 1798 (impressão anastática Materdomini 1982), 311-312.

dizia que as chagas de Jesus Cristo ferem os corações mais duros e aquecem as almas mais frias. Quantas flechas de amor saem dessas chagas e ferem os corações mais insensíveis! Quantas correntes saem do lado ferido e prendem os corações mais endurecidos!"[6]

Todo projeto de vida cristã, lembra João Paulo II, deve alcançar sua força e suas perspectivas pela contemplação amorosa do rosto de Cristo, mesmo nos traços de "rosto sofredor": "A contemplação do rosto de Cristo traz-nos até ao *aspecto mais paradoxal de seu mistério*, que se manifesta na hora extrema — a hora da Cruz. Mistério no mistério, diante do qual o ser humano pode apenas prostrar-se em adoração". É uma adoração carregada de espanto, pela profundidade do amor que a cruz grita. Coloca-nos abertamente diante de todo o absurdo do pecado, mas principalmente diante da superabundância misericordiosa do amor. Nós nos sentiremos forçados a responder com generosidade.[7]

Imitar o Crucificado

Do amor ao Crucificado brota o desejo sincero de imitá-lo. Ele não deseja outra coisa senão ser como seu mestre: eis o motivo das penitências e até mesmo das mortificações que marcam sua vida. Basta verificar o elenco traçado no início do *Regulamento de vida*: "Uma disciplina a seco. Um cilício, com um palmo e dois dedos a menos de largura, com dois palmos de comprimento, para a perna... Ao almoço e ao jantar pôr ervas amargas num dos pratos. Um coração de ferro, com pontas também de ferro ao peito. Três vezes por dia mastigar losna ou outra erva amarga... Às quartas, sextas e sábados, dormir com uma corrente no peito e um cilício na

---

[6] *A Prática do Amor a Jesus Cristo,* cap. I, p. 18 / 19.
[7] *Novo millennio ineunte,* n. 25.

10. Sempre nas chagas de Jesus

perna. Deitar sobre um cilício com um palmo de largura e três de comprimento, que me servirá de cinturão nos mesmos dias. Cada oito dias fazer uma disciplina até derramar sangue".[8]

Diante desse suceder-se de mortificações, ficam interrogações em nós. Certamente foi influenciado pela religiosidade de sua terra, marcada por fortes filões penitenciais, e a atitude de suspeita contra o corpo presente na espiritualidade da época. Erraria quem apressadamente quisesse encerrar o discurso interpretando cada coisa nesta perspectiva. Geraldo quer de modo especial imitar e assemelhar-se ao Crucificado, certo de que só assim é possível participar de seu mistério de Redentor.

Prova disto é o fato que este rigor penitencial não prejudica, mas torna mais transparente ainda a alegria de sua uniformidade com a vontade divina. Os testemunhos em seu processo de canonização salientaram isto mais vezes: Geraldo "era todo alegria, mesmo quando sofria alguma coisa por amor de Jesus Cristo; sem se lamentar dos que o maltratavam, antes lhes agradecia e tratava-os bem" (Vicente Zaccardo); "sempre que em tribulação e angústias, era visto alegre, porque cria ser digno de sofrer por Jesus Cristo" (Pasquale Mennona); "desejando imitar Jesus Cristo na paixão, manifestava imensa alegria toda vez que sofria alguma coisa" (José Masi).[9]

Em nossa sociedade enfatizam-se sempre mais as necessidades, começando por aquelas que dizem respeito a nossa corporeidade e afetividade. Parece, antes, que "meus desejos" devem ser o critério de todas as escolhas e da própria formulação dos direitos. Fingimos não perceber que, fazendo assim, nós nos tornamos prisioneiros, não apenas de nosso egoísmo, mas principalmente daqueles que sabem

---

[8] *ScrSp,* 144-145; *ER,* 368.

[9] Cf. *Allegramente,* 63-64.

induzir necessidades interessadas, reforçá-las, manipulá-las. O consumismo torna-se então nossa prisão, por quanto dourada e cômoda. Não conseguimos nem mesmo valorizar-nos e alegrar-nos com a presença dos outros, tendo-os reduzido a objetos funcionais para nossas necessidades.

As penitências de Geraldo convocam-nos à necessidade de uma corajosa "ecologia" das necessidades: é preciso discernir sua autenticidade, integrá-las no projeto de vida, abri-las na solidariedade para as necessidades dos outros. Em última análise, ocorre viver pessoalmente as próprias necessidades, não mais deixar-se viver por elas. Entenderemos, então, que também os "não", motivados por valores e pelas exigências dos outros, são "sim", que fazem crescer juntos e construir o futuro.

Nos sofrimentos do Cristo

Os testemunhos processuais mostram com clareza a íntima participação de Geraldo no mistério do Crucificado. Nele se verifica aquela particular e profunda experiência a que João Paulo II quis mais uma vez referir-se, falando da contemplação do "rosto sofredor" do Cristo: "Não é raro terem vivido os Santos *algo que se assemelha à experiência de Jesus na cruz*, num misto paradoxal de beatitude e dor".[10]

Limitamo-nos a reportar as afirmações do redentorista José Papa: "Geraldo vivia no mais das vezes sempre alegre, mesmo nos dias da paixão de Jesus Cristo, ao considerar os sofrimentos do Redentor".[11]

---

[10] *Novo millennio ineunte,* n. 27.
[11] Cf. *Allegramente,* 62-63.

10. Sempre nas chagas de Jesus

Mais explícito foi o próprio Geraldo numa carta à madre Maria de Jesus, no verão de 1754: "Escrevo-lhe debaixo da cruz e, como não tenho tempo de vida, sou obrigado a escrever-lhe a toda pressa... São tão cruéis minhas dores, que me causam espasmos de morte. E, quando penso que vou morrer, logo me encontro vivo para ser mais afligido e cheio de dores... Sei que está contente. Mas, já que está contente, basta-me isto para me animar e me fortalecer mais em Deus. Ele seja sempre bendito, que me conceda tantas graças e que, em vez de fazer-me morrer sob seus santos golpes, antes me dê vitória de vida, dando-me até o tormento a fim de que seja imitador do divino Redentor. Ele é meu mestre e eu, seu discípulo. É justo que eu deva aprender dele a seguir suas divinas pegadas".[12]

Ficam talvez mais claras as palavras que Geraldo dirige a um sacerdote que veio visitá-lo em sua última enfermidade. "Ao despedir-se, disse: *Geraldo, reze a Deus por mim, porque sofro bastante.* Ao que o santo respondeu: *Soubesse você como sofro! Há de se sofrer! Sim, há de se sofrer, meu irmão, há de se sofrer!* E acrescentou, explicando-se: *Estou sempre dentro das chagas de Jesus e elas em mim. Sofro continuamente todas as penas, todas as dores da paixão de Cristo. E calou-se".[13]

O sofrimento de Geraldo, imerso no sofrimento de Cristo, não permanece estéril, mas participa de seu poder de ressurreição. É este o motivo pelo qual pode, ainda hoje, continuar sendo sinal de esperança para quem a ele se volta com confiança.

---

[12] *ScrSp,* 104-105; *ER,* 334 / 335.
[13] CAIONE, 157.

11

As cruzes dos outros

"Quem não toma sua cruz e não me segue não é digno de mim" (Mt 10,38). Estas palavras de Cristo correm o risco de parecer, hoje mais que no passado, fora de moda. De fato, fazemos de tudo para remover a cruz de nossa vida, mesmo a custo de descarregá-la sobre os outros, e sobretudo começamos a considerar como "inimigos" aqueles em cujas vidas ela é mais pesada: inimigos de nossa tranqüilidade, de nosso bem-estar, de nosso futuro.

Mas, por quanto incômoda e dura que seja, a afirmação evangélica sobre a cruz permanece fundamental para todo fiel: a forma com que a carregamos é o critério pelo qual avaliamos a qualidade de nossa fé. Quando o esquecemos, deveremos sentir dirigida também a nós a reação de Cristo diante de Pedro, que queria tirar a cruz de sua vida: "Retira-te, Satanás! Queres fazer-me cair. Pensas de modo humano, não de acordo com Deus!" (Mt 16,23).

Em toda a sua vida, Geraldo manifestou com coerência que o pensar segundo Deus redunda necessariamente em carregar com confiança a cruz, enquanto caminho para a ressurreição. Seu amor à cruz vai, no entanto, além: fiel seguidor de Cristo, dá testemunho de que cada um de nós é chamado a tomar sobre si a cruz do irmão e com alegria.

Hoje falamos tanto de solidariedade. E não faltam testemunhas eficazes, que se colocam como sinais preciosos de esperança. O caminho da fé, no entanto, permanece ainda longo. Na preparação do Jubileu do ano dois mil, João Paulo II convidou toda a Igreja para um sincero exame de consciência a esse respeito: "Quanto ao testemunho da Igreja nos dias de hoje, como não manifestar pesar pela *falta de discernimento,* que muitas vezes se tornou aquiescência de não poucos cristãos diante da violência aos direitos humanos fundamentais por parte de regimes totalitários? E não é talvez lamentável, entre as sombras do presente, a participação de tantos cristãos *em graves formas de injustiça e de marginalização social?"*[1]

Na programação do caminho neste novo milênio, acrescenta, fundamentando-se na passagem de Mateus em que Cristo identifica-se com os carentes: "É de se esperar que o século e o milênio que estão para começar hão de ver a dedicação a que pode levar a caridade para com os mais pobres. Se verdadeiramente partimos da contemplação de Cristo, devemos saber vê-lo sobretudo no rosto daqueles com quem Ele mesmo se quis identificar: 'Porque tive fome e destes-me de comer; tive sede e destes-me de beber; era peregrino e recolhestes-me; estava nu e destes-me de vestir; adoeci e visitastes-me; estive na prisão e fostes ter comigo» (Mt 25,35-36). Esta página não é um mero convite à caridade, mas uma página de cristologia que projeta um feixe de luz sobre o mistério de Cristo. Nesta página, não menos do que o faz com a vertente da ortodoxia, a Igreja mede sua fidelidade de Esposa de Cristo".[2]

Ainda que hoje os testemunhos se façam mais fortes, a cruz dos outros jamais pode ser transformada em "espetáculo" e em

---

[1] Cf. *Tertio millennio adveniente,* n. 36.

[2] *Novo millennio ineunte,* n. 49.

11. As cruzes dos outros

"notícia", que nos deixem indiferentes. Ela é sempre apelo à condivisão na solidariedade. A vida de Geraldo testemunha com força para o crente a impossibilidade de passar adiante, quando alguém se encontra necessitado: deve sentir-se interpelado em primeira pessoa e carregar-se de solidariedade, como o samaritano da parábola do evangelho (cf. Lc 10,29-37). A necessidade do irmão é a cruz que Cristo pede que com ele carreguemos, para abri-la à esperança.

A cruz do pecado

O caminho de conversão do pecado não é fácil. O mal aprisiona, faz escravo. Mesmo quando nos decidimos a uma vida nova, numerosas e complexas são as dificuldades que bloqueiam e fazem recuar. É preciso que todos, com amor e respeito, façam-se solidários com quem deve libertar-se do pecado: na oração, na penitência, no empenho eficaz. Geraldo vive profundamente essa tensão: tudo, a começar pela oração constante e pelas numerosas penitências, é em prol dos pecadores: para que encontrem a vontade e a coragem de se libertarem.

Caione sublinha "o empenho e o ardor inexplicáveis" que Geraldo "tinha pela salvação das almas e pela conversão dos pecadores, por cuja salvação empenhava tudo quanto fazia de oração e de mortificação. E o Senhor consolava-o admiravelmente com a conversão de muitos pecadores, empedernidos há muito na sujeira das culpas. Ou melhor, Deus dava tanta eficácia a suas palavras que a um pecador era o mesmo falar com Geraldo e se converter. Muitos pediam ao superior local que mandasse Geraldo para ajudar alguma alma necessitada. E o Senhor abençoava de modo muito particular suas idas. E também quando era enviado fora do convento para outros afazeres, nunca voltava sem alguma presa tirada das mãos do inferno".[3]

O respeito pela liberdade dos outros é, com certeza, um dos pontos positivos de nossa cultura. É um dado que o cristão condivide com entusiasmo, sabendo bem que "a verdadeira liberdade, porém, é um sinal eminente da imagem de Deus no homem".[4]

Muitas vezes, porém, o respeito é transformado praticamente em desinteresse: legitima-se tudo, desde que decidido. Tem-se medo de propor horizontes mais válidos, para não correr o risco de condicionar. Permanece-se imóvel, mesmo perante formas de autodestruição, porque queridas pelo outro... Tudo isto, porém, não é respeito autêntico à liberdade. Pelo contrário, é repetir o comportamento de Caim: "Sou, por acaso, guarda de meu irmão?" (Gn 4,9).

A construção da liberdade exige solidariedade? Só sustentando-nos reciprocamente e carregando reciprocamente as dificuldades do caminho da libertação, chegaremos a superar os obstáculos e a nos desvencilhar dos vínculos, crescendo na liberdade autêntica.

---

[3] CAIONE, 49. Para sacudir os corações mais endurecidos, Geraldo recorre também a tons fortes. Acontece assim em Castelgrande, para "induzir o mestre Marcos Carusi e sua esposa Teresa a se reconciliar com o magistrado tabelião Martino Carusi, que tinha matado seu filho Francisco, de mais de vinte anos, numa briga". Diante da obstinação, principalmente da mãe, Geraldo conclui: *"Como não quer fazer mais a reconciliação? Queira ou não queira, tem de fazer. Saiba que a primeira vez que aqui vim, vim a pedido dos outros; mas agora quem me envia é Deus. Seu filho,* disse, dirigindo-se ao pai e à mãe, *está no purgatório e justamente por causa da obstinação de vocês. Se quiserem tirá-lo logo de lá, reconciliem-se imediatamente e mandem rezar cinco missas por sua alma. Se não quiserem, ele não sairá e um duro e severo castigo espera por vocês: eu não lhes revelo, para não lhes causar mais espanto, mas, sem dúvida, ele os espera".* Dito isso, virou-lhes as costas para ir embora. Eles, porém, aterrorizados, pararam-no, dizendo a uma só voz: *"Que se faça a reconciliação!"* (*ivi,* 73-75).

[4] *Gaudium et Spes,* n. 17.

11. As cruzes dos outros

Os sofrimentos interiores

Geraldo está pronto a condividir também os sofrimentos interiores dos outros. É significativo o que escreve Caione sobre a forma como o padre Margotta consegue superar "sofrimentos e aflições do espírito" que o prendem a uma "contínua tristeza e melancolia". Pela festa da Imaculada, Geraldo escreve-lhe uma carta, dizendo-lhe que "é chegado o tempo em que o Senhor quer conceder-lhe a graça de ficar livre daquelas angústias e penas que está sofrendo". Enquanto, porém, o padre reencontra a serenidade, começa-se "a ver o irmão Geraldo não com o rosto jovial e com sua costumeira alegria, mas com o rosto cadavérico... E parece quase certo o padre Caione ter ouvido dele ou de outros que o Senhor tinha concedido ao padre Margotta a graça, enquanto irmão Geraldo teria se oferecido para sofrer a cruz e sofrimentos que antes afligiam o referido padre".[5]

Por isso ele pôde escrever à madre Maria de Jesus, em outubro de 1754: "Sei com toda a certeza as penas que sofreu e ainda sofre. Digo-lhe que as sinto em meu coração mais agudamente que V. Revma. Mas não pode imaginar com que distinção e clareza as percebo: se digo mais que V. Revma., não digo mentira... Prouvera a Deus que eu fosse aí para consolá-la". Desta solidariedade solícita, que se faz oração, brota o apelo ao valor último de suas penas: "Atire-as nos braços da divina misericórdia. Conforme-se com sua divina vontade, porque este seu mérito lhe serve para fazê-la, cada vez mais, grande santa".[6]

---

[5] CAIONE, 95-96.
[6] *ScrSp,* 110-111; *ER,* 341.

As necessidades concretas

A cruz do próximo tem muitas vezes o rosto da doença, da pobreza, da injustiça. Geraldo está sempre pronto a carregá-la com generosidade e respeito. Quando, pois, as necessidades superam suas forças, não hesita em colocar em movimento o poder de Deus, até ao milagre.

Alguns propósitos de seu *Regulamento de vida* mostram-no com clareza: "Quando descobrir que um padre ou irmão necessitam de algo, deixarei tudo para ajudá-lo, a não ser que haja uma ordem contrária" (n. 18); "sempre que me seja permitido, visitarei os enfermos várias vezes ao dia" (n. 19); "nunca acusarei ou comentarei os defeitos dos outros, nem sequer por gracejo" (n. 13) e "defenderei sempre meu próximo e verei nele a própria pessoa de Jesus Cristo, quando era inocentemente acusado pelos judeus. Farei isto especialmente quando (*as pessoas citadas)* estejam ausentes" (n. 14). É, porém, uma misericórdia pronta a enfileirar-se na defesa franca do fraco: "Corrigirei a qualquer um, mesmo que seja o próprio padre Reitor-mor, quando falar mal do próximo" (n. 15).[7]

Apesar da fragilidade de sua saúde, Geraldo não fica indiferente diante do cansaço dos outros. Com simplicidade, está pronto a carregá-la, como lembra Caione nos anos vividos em Deliceto: "Foi especialmente amantíssimo do trabalho, de tal modo que nunca perdia tempo. Quando não tinha nada a fazer, procurava ajudar os outros em seus trabalhos... Quando se devia fazer o pão para a comunidade, ele trabalhava por quatro; deixava para trás todos os outros irmãos, dizendo: *Deixem que eu faça, descansem!* E assim trabalhava sozinho. Nos ofícios manuais, porém, sempre estava recolhido em Deus e unido com Ele".[8]

---

[7] *Ivi*,150-151.
[8] CAIONE, 35-36.

11. As cruzes dos outros

Tudo, porém, ele vive com aquela característica de liberdade e de alegria que lhe é própria. O que Caione recorda tem o sabor dos *fioretti* franciscanos: "Se pela rua encontrava casualmente um mendigo que carregava alguma coisa nos ombros, imediatamente se oferecia para aliviá-lo. Um dia, saindo de nossa casa de Deliceto, encontrou, na estrada, um pobre rapaz que carregava um feixe de lenha no colo: ele pegou-o e ajudou a levá-lo até sua casa. Outra vez, mandado a Santa Águeda, vizinha de Deliceto, quando próximo e mais exatamente na entrada da cidade... encontrou uma pobre velhinha que subia com grande dificuldade, levando um caldeirão cheio de pedras, na cabeça. Ele, com sua habitual caridade, pegou-o e colocou na cabeça. E, chegando à entrada da cidade, sentiu grande repugnância e vergonha. Então, para vencer-se, prosseguiu levando-o pela praça pública da referida cidade".[9]

João Paulo nos lembra que vivemos a hora de "uma nova 'fantasia da caridade' que se deve manifestar não só nem sobretudo na eficácia dos socorros prestados, mas na capacidade de aproximar-se de quem sofre e de ser solidário com ele, de tal modo que o gesto de ajuda seja sentido não como esmola humilhante, mas como partilha fraterna".[10]

Dar espaço ao outro em nossa vida, em nossos projetos, em nossos interesses pode parecer à primeira vista difícil e até impossível. Não falta nem mesmo quem vê aí fraqueza, risco, ameaça. Geraldo, com seu estilo de vida, indica-o não apenas como possível, em virtude da cruz de Cristo, mas também como fonte de alegria, de serenidade, de futuro.

---

[9] *Ivi*, 43-44.
[10] *Novo millennio ineunte*, n. 50.

12

Rezar sempre, sem se cansar

Nossos dias e nossas semanas tornam-se sempre mais um suceder frenético de encontros, compromissos, coisas a fazer. Terminamos por nos sentir como prisioneiros de nossos próprios compromissos, a tal ponto que, embora percebendo a necessidade de espiritualidade e de oração, sempre vamos adiando. Tantas vezes abandonamos a própria Eucaristia dominical, desculpando-nos por não conseguir arrumar tempo para ela.

No entanto o ensinamento de Cristo sobre "a necessidade de rezar sempre, sem se cansar" (Lc 18,1) não admite dúvida: "Pedi e vos darão, buscai e achareis, batei e vos abrirão; pois quem pede recebe, quem busca encontra, a quem bate lhe abrem" (Lc 11,9-10). Santo Afonso sintetizou isto numa expressão que se gravou na memória popular: "Quem reza se salva, com certeza, quem não reza, certamente, se condena", acrescentando: "Todos os Beatos (exceto as crianças) se salvaram através da oração. Todos os condenados se perderam porque não rezaram; se tivessem rezado, não se teriam perdido. E este é e será o maior desespero deles no inferno, o de ter podido salvar-se com tanta facilidade como era o pedir-lhe graças, e agora não haver tempo para pedir-lhe".[1]

---

[1] *A oração, o grande meio*, cap. 1, p. 17, Editora Santuário, 15ª ed., 2002.

De resto, é nossa experiência diária que nos faz tocar com as mãos tais necessidades: enraíza-se na oração a coerência com nossa fé em contextos em que os estímulos e sugestões vão em outra direção; dela brota a possibilidade de discernir o bem, subtraindo-nos aos mil condicionamentos do consumismo e do hedonismo; dela depende a capacidade de não perder de vista o sentido autêntico e os verdadeiros horizontes da vida.

Olhando as dificuldades que o caminho para a santidade encontra em nosso contexto, João Paulo II acentua a necessidade de um cristianismo que se destaque principalmente pela *arte da oração"*. Mas acrescenta que "a oração não se pode dar por suposta; é necessário aprender a rezar, voltando sempre de novo a conhecer esta arte dos próprios lábios do divino Mestre, como os primeiros discípulos: "Senhor, ensina-nos a rezar" (Lc 11,1). Na oração, desenrola-se aquele diálogo com Jesus que faz de nós seus amigos íntimos: "Permanecei em mim e eu permanecerei em vós" (Jo 15,4). Esta reciprocidade constitui precisamente a substância, a alma da vida cristã, e é condição de toda a vida pastoral autêntica. Obra do Espírito Santo em nós, a oração abre-nos, por Cristo e em Cristo, à contemplação do rosto do Pai".[2]

A oração deve marcar profundamente o rosto das comunidades cristãs: elas "devem tornar-se *autênticas 'escolas' de oração*, onde o encontro com Cristo não se exprima apenas em pedidos de ajuda, mas também em ação de graças, louvor, adoração, contemplação, escuta, afetos de alma, até se chegar a um coração verdadeiramente 'apaixonado'. Uma oração intensa, portanto, mas que não afaste do compromisso na história: ao abrir o coração ao amor de Deus, ela o abre também ao amor dos irmãos, tornando-nos capazes de construir a história segundo o desígnio de Deus".[3]

---

[2] *Novo millennio ineunte*, 32.
[3] *Ivi*, n. 33.

12. Rezar sempre, sem se cansar

O exemplo de Geraldo a este respeito é significativo e estimulante: a oração é como sua respiração. Daí não só a constante preocupação de "criar" o tempo para ela, mas também o pedir e o dar aos outros uma constante comunhão de oração.

Desde pequeno

O amor à oração é um dos traços que seu primeiro biógrafo, Gaspar Caione, põe mais em evidência, desde a infância de Geraldo: "Desde criança foi todo dedicado à piedade. Brígida e Ana Majela, suas irmãs, atestam que seu único divertimento era fazer pequenos altares e sepulcros e imitar os sacerdotes quando dizem a missa. Tinha em sua casa, dentro de um quarto, uma tábua grande cheia de diversas figuras e em meio a elas a imagem de São Miguel. De quando em quando, acendia duas ou mais velas diante das referidas figuras; depois passava e repassava, fazendo profundas inclinações e genuflexões; por fim, ajoelhava-se e permanecia um tempo em oração".[4]

Vem-nos espontânea a pergunta: em quantas famílias hoje os pequenos aprendem o "jogo" da oração? Evidentemente as formas são pensadas à luz da sensibilidade atual. Cremos, porém, que constitui um grande erro pedagógico a preocupação em fazer os pequenos aprenderem todas as formas do "jogo", exceto o da oração.

Começou a freqüentar certa igreja fora da cidade, onde permanecia quase todo o dia, empregando o tempo antes do almoço em ajudar todas as missas que aí se diziam e o tempo depois do almoço até a noite assumia a forma de um retiro prolongado:[5] "Aí ficava por três ou quatro dias contínuos, sem ao menos ir dormir

---

[4] CAIONE, 21-22.
[5] *Ivi*, 23.

em casa. Dormia na igreja, empregando todo o dia em oração e em colóquios com Deus, tirando apenas aquele pouco de tempo que dava ao sono e isto sobre o chão nu".

Devia fazer-se violência

A procura da oração torna-se mais intensa ainda quando Geraldo entra na comunidade redentorista. Sobretudo morar sob o mesmo teto de Jesus Eucaristia o impulsiona a prolongar seu diálogo de amor com ele. Caione sintetiza: "Recebido entre os nossos, na casa de Santa Maria da Consolação, todos sabem como se portou: humilde, paciente, mortificado, recolhido, dedicado à oração, exemplaríssimo em tudo".[6] E traz o testemunho do Padre Giovenale, diretor espiritual de Geraldo: "A respeito do recolhimento, acrescento que ele, prestando conta de sua consciência, disse-me que devia fazer força para não pensar em Deus".[7]

Quando Geraldo é tomado pela oração, torna-se difícil e até mesmo inútil procurá-lo porque não se consegue encontrá-lo: faz-se tão pequenino, como ele próprio confessa ao médico Santorelli que, junto com os confrades, procurou-o em vão, uma manhã, por toda a casa redentorista de Materdomini. Vale a pena ler mais uma vez o relato que Caione faz do episódio.

"Buscaram-no cuidadosamente em todos os cantos da casa e nem assim foi possível encontrá-lo. Procuraram nos lugares mais escondidos e secretos, mas tudo em vão." Depois, quando se aproximava o momento da missa, "foi visto no meio de um corredor... caminhando mal e com o rosário que tinha no cinto chegado para trás". Foi então

---

[6] *Ivi*, 35.
[7] *Ivi*, 181.

12. Rezar sempre, sem se cansar

levado até o reitor que lhe fez "uma forte repreensão e foi-lhe pedido por obediência dizer onde tinha estado todo aquele tempo.

— *No quarto,* respondeu ele, sem se perturbar.

— *Como no quarto,* replicou o padre Giovenale, *se eu mandei todos os irmãos e eles não puderam encontrá-lo no quarto ou em outro lugar? Faça dez cruzes com a língua, no chão!*

Geraldo prontamente se cala e obedece e, como o chão ao lado da cisterna era lamacento, enlameou a língua toda.

Depois disto o padre Giovenale lhe disse: *Quero que fique um mês sem a comunhão e um mês a pão e água.*

E Geraldo, com o riso à boca: *Padre, faça-me fazer isso por amor de Jesus Cristo.*

Pouco depois Geraldo entrou na igreja e, encontrando-se com Nicola [Santorelli], lhe disse: *Não sabe, não é? Foi-me proibida a comunhão!*

Então Nicola o levou para a sacristia e voltou a perguntar-lhe: *Geraldo, diga-me a verdade: onde você esteve? Deus o faça santo, como você diz ter estado no quarto, quando eu e o irmão Nicola reviramos cuidadosamente o quarto todo e não o encontramos?*

Então ele tomou o médico pela mão, levou-o até ao quarto e mostrou o lugar onde estivera apoiado: uma pequena cadeira de palha, ao lado da porta.

Replicou o médico: *Mas nós o procuramos e não o vimos.*

[E Geraldo]: *Sabe, às vezes eu me faço pequenino!"*[8]

Mesmo quando totalmente tomado pelas urgências da caridade, ele está atento em "criar" o tempo para a oração. Quando foi chamado a Castelgrande para tentar reconciliar o casal Carusi, "é impossível expressar a veneração com que foi recebido pelo povo e o afluxo de gente que continuamente se achegava até ele. Ficou hospedado na casa

---

[8] *Ivi,* 91-93.

116   Comunicar a alegria e a esperança

de Federeci, que mais parecia um tribunal, tantas eram as pessoas que aí acorriam para pedir-lhe conselhos e recomendar-se a suas orações. Ele consolava a todos, com uma afabilidade que encantava, e todos retornavam para casa muito consolados e satisfeitos. O tempo que sobrava, empregava-o em oração. E muitas pessoas viram-no, depois disso, prostrado por terra em seu quarto".[9]

Geraldo expressa a profundidade de sua oração nas formas apreciadas pela piedade popular: pode, assim, abrir a gente simples, a quem de preferência se dirige, à oração. Em seu *Regulamento de vida*, além dos exercícios para as novenas e longo elenco de santos protetores, encontram-se propósitos como estes: "Seis Ave-marias com o rosto no chão, de manhã e à noite",[10] uma "prática para a Visita ao Santíssimo Sacramento", acompanhada da "prática para os atos de amor";[11] as "devoções" à Ssma. Trindade e a Maria: "Prometo fazer-vos sempre esta pequena devoção, a saber: oferecer um Glória-ao-Pai cada vez que enxergar cruzes ou imagens de alguma das três divinas pessoas, e cada vez que escutar nomeá-las ou ao iniciar e terminar uma ação... Farei o mesmo para com Maria Santíssima: cada vez que vir uma mulher, rezarei uma Ave-Maria para sua pureza".[12]

O pacto de oração

Não nos admiremos, portanto, se nas cartas o pedido e oferta de oração apareçam continuamente. Limito-me a tirá-los de duas cartas. Ao padre Giovanni Mazzini, ele escreve: "Meu padre, por

---

[9] *Ivi*, 74.
[10] *ScrSp*, 144; *ER*, 368.
[11] *Ivi*, 153; *ER*, 377.
[12] *Ivi*, 154; *ER*, 378.

12. Rezar sempre, sem se cansar

amor de Jesus Cristo e de Maria Santíssima, seja-lhe recomendada esta minha oração: não se esqueça de apresentá-la sempre a Deus, que eu, embora indigno, jamais, jamais, me esquecerei de Vossa Reverendíssima".[13] À madre Maria de Jesus lembra, na primavera de 1753: "Reze muito, muito, por mim, pois tenho grande necessidade espiritual e Deus sabe como estou aflito e desconsolado. Pois, se a senhora quer, pode ajudar-me junto a Deus. Faça-me esta caridade, pois Deus sabe o que é que eu desejaria dizer à senhora".[14]

O compromisso recíproco de oração com o padre Arcângelo Salvadore toma a forma de um verdadeiro pacto, "em presença da Santíssima Trindade, de Maria Santíssima e de toda a corte celestial", pelo qual Geraldo se compromete a "rezar efetivamente ao Senhor de maneira especial em todas as suas orações para que nos vejamos por toda a eternidade na glória do paraíso, gozando de Deus" e de socorrer padre Arcângelo "em todas as necessidades espirituais e temporais, mesmo se de longe, ao recomendar-me a Ele com a voz ou mesmo com o coração".[15]

É um "pacto" que Geraldo continua a fazer com todos os que se confiam a sua intercessão. É preciso no entanto que, como ele, cheguemos a "criar" o tempo necessário para a oração, apesar das mil coisas a fazer; e, sobretudo, que demos a nossa oração o tempo de "conversar contínua e familiarmente com Deus", como "a um amigo, o mais querido" e que mais nos ama.[16]

---

[13] *Ivi,* 48; *ER,* 282.

[14] *Ivi,* 137-138; *ER,* 290.

[15] *Ivi,* 137-138; *ER,* 365.

[16] S. AFONSO, *Modo di conversare continuamente ed alla familiare con Dio,* n. 6. in *Opere ascetiche,* vol. I, Roma 1933, 316.

13

De todo o coração

A castidade pelo Reino é um dos valores cristãos que nossa cultura tem mais dificuldade em compreender. Não é uma novidade. Já Jesus prevenia os discípulos: "Nem todos conseguem entendê-la, a não ser os que recebem tal dom. Pois há eunucos que são assim de nascença; há os castrados pelos homens; há os que se castraram pelo reino de Deus. Quem puder entender, entenda" (Mt 19,11-12).

O que tornou a castidade consagrada mais difícil foi o fato de que dela se fala mais como renúncia à afetividade conjugal, sem antes focalizar seu porquê determinante: um porquê essencialmente de amor. A castidade dos consagrados, "enquanto manifestação da entrega a Deus com *coração indiviso* (cf. 1Cor 7,32-34), constitui um reflexo do *amor infinito* que une as três Pessoas divinas na profundidade misteriosa da vida trinitária; amor 'derramado em nossos corações pelo Espírito Santo' (Rm 5,5), que estimula a uma resposta de amor total e aos irmãos".[1]

---

[1] *Vita Consecrata*, n. 21.

Com sua castidade, as pessoas consagradas desejam contribuir para a afirmação da dignidade do amor, em resposta aos desafios da atual cultura hedonista que "separa a sexualidade de qualquer norma moral objetiva, reduzindo-a freqüentemente ao nível de objeto de diversão e de consumo, e favorecendo, com a cumplicidade dos meios de comunicação social, uma espécie de idolatria do instinto". Testemunhando a "força do amor de Deus na fragilidade da condição humana", o consagrado "atesta que aquilo que é visto como impossível pela maioria torna-se, com a graça do Senhor Jesus, possível e verdadeiramente libertador".[2]

No início desta tentativa de aprofundamento da espiritualidade geraldina, pudemos constatar como foi intensa, total e alegre a relação de Geraldo com seu *querido Deus*. Ele é entendido como presença que, com seu amor sem limites, completa e dá sentido a toda a vida. Geraldo deixou-se prender completamente por este amor. Tomou a decisão de só viver para responder-lhe com toda a sua pessoa, tornando-se sinal de Deus para os outros. Daí resulta sua castidade, como totalidade de amor e de dom: a Deus e aos irmãos.

Deus, acima de tudo

A intensidade do amor de Geraldo é quase um estribilho na boca das testemunhas no processo de sua canonização: "Amava a Deus acima de tudo, e procurava amar o próximo por amor de Deus, dando-lhe conselhos salutares, atraindo a Ele os transviados, dirigindo-os no caminho da salvação e aliviando os pobres com esmolas. Quando maltratado, sofria tudo por amor de Deus, conformando-se e resignando-se a sua santa vontade"

---

[2] *Ivi*, n. 88.

13. De todo o coração 121

(Vicente Conna); "desde a infância até ao último suspiro de sua vida foi todo de Deus", por isso "durante toda a sua vida endereçava todas as suas ações para a honra e glória de Deus" (Francisco Tirico).[3]

Os testemunhos realçam ainda que muitas vezes a intensidade de seu amor se transforma em êxtase. Limitamo-nos a transmitir o que testemunha madre Maria Teresa Spinelli, do mosteiro redentorista de Foggia, "lugar querido a Geraldo", lembra Caione, onde "repousava continuamente seu coração e muitas vezes se fazia presente, com licença dos superiores".[4] Informa a madre que o coração de Geraldo "era um vulcão de amor a Deus, de cuja bondade, sabedoria, misericórdia sempre falava, e quando falava se via todo inflamado, ofegante e arrebatado". Recorda, de modo especial, dois episódios: "Um dia viu, no parlatório, a pequena Gertrudes de Cecília; e como falava de religião, convida a pequena a cantar algum canto sacro. A princípio, recusou-se. Animada, porém, pelos modos sedutores de Geraldo, soltou-se com a conhecida cantiga de Metastasio: *Se queres ver a Deus.* Geraldo então entrou em contemplação, ficou mudo, todo fogo, estático e absorto, parecendo um querubim". O segundo episódio aconteceu na vigília da festa da Trindade. Saindo do coro, as irmãs "vêem Geraldo no corredor, gritando como um louco: *Ó profundidade da sabedoria e da riqueza de Deus! Como são incompreensíveis seus julgamentos!*" Depois "eleva-se muito do chão; em seguida retorna ao chão como desfalecido e pálido".[5]

De resto, as "aspirações" que animavam sua vida, de acordo com a síntese apresentada no *Regulamento de vida,* não nos permitem duvidar da profundidade de seu amor:

---

[3] Cf. *Allegramente,* 52-53.
[4] CAIONE, 85.
[5] Cf. *Allegramente,* 54-55.

"Amar muito a Deus.
Estar sempre unido a Deus.
Fazer tudo por Deus.
Amar tudo por Deus.
Conformar-se sempre com sua vontade.
Sofrer muito por Deus".[6]

Redundam nos "sentimentos mais vivos do coração", que visam o empenho pela santidade no sim alegre à vontade de Deus: "Tenho, agora, a maravilhosa ventura de tornar-me santo, e, se a desperdiço, perco-a para sempre... Alguns se preocupam em fazer isto ou aquilo. Eu só tenho a preocupação de fazer a vontade de Deus".[7]

A mesma tensão de amor procura transmitir também aos outros. Toda ocasião é boa para como que constranger o próximo a se abrir ao amor infinito de Deus. Assim, encontramos nas cartas expressões como estas: "Amemos nosso Deus, que somente merece ser amado: e como poderíamos viver se não amássemos de coração nosso querido Deus?" Ou também: "Amai a Deus por mim, que o amo pouco. E levai-me sempre até Deus".[8]

À irmã Batista da Ssma. Trindade, jovem religiosa de Ripacandida, com sérios problemas de saúde, lembra: "Minha irmã, Deus sabe quanto a estimo, porque a senhora é uma esposa fiel de Jesus Cristo. Ame a Deus de coração e faça-se santa; e não importa que sofra. Coragem, sofra por Deus, que seus sofrimentos lhe serão aqui na terra um segundo paraíso".[9] À irmã Maria Celeste do Espírito

---

[6] *ScrSp*, 145; *ER*, 369.

[7] *Ivi*, 145-146; *ivi*, 369/370.

[8] *Ivi*, 135; *ER*, 363.

[9] *Ivi*, 83; *ivi*, 315.

Santo, em dificuldades vocacionais, repete: "Se a tempestade não passou, tenho tanta fé e tanta esperança na Ssma. Trindade e em nossa Mãe Maria, que Vossa Caridade há de tornar-se santa aí. Não me faça passar por mentiroso... Fique alegre, ame a Deus de coração, dê-se a Ele sem recusa e faça o demônio arrebentar-se e morrer".[10] Tudo, quando imerso no amor, torna-se oportunidade de crescimento espiritual: "Pelo que me diz, a senhora foi dispensada da portaria por algum tempo. Não foi nada, pois lhe deram dispensa por causa de sua enfermidade e para seu bem. Por isso, continue alegre e espere cumprir seu ofício quando puder. Ame muito a Deus e faça-se uma grande santa".[11]

Irradiava pureza

As testemunhas do processo de canonização apontam unanimemente Geraldo como modelo de castidade: "Todos o consideravam modelo de castidade e chamavam-no de anjo por causa de seus costumes ilibados e preciosos exemplos de extraordinária castidade, que guardava de modo excepcional" (Vicente Zaccardo); "feito leigo missionário, Geraldo Majela se destacou sempre pela castidade... cada um dizia que nascera santo e verdadeiro anjo do paraíso, para espanto de todos" (Francisco Troiano); "por todos era chamado de anjo em carne e osso, pela virgindade que santamente conservou ilibada" (Caetano Trerretola); "sempre ouvi dizer que irmão Geraldo era homem santo; não encontrei alguém que apontasse alguma mancha em sua inocência e castidade" (Felícia Pepe).[12]

---

[10] *Ivi*, 86; *ivi*, 317.

[11] *Ivi*, 117; *ER*, 347.

[12] Cf. *Allegramente*, 136-137.

Geraldo conserva fielmente o propósito anotado no *Regulamento de vida*: "Entre todas as virtudes que vos agradam, Deus meu, a que mais me agrada é a pureza e a beleza de Deus. Ó infinita pureza, espero que me haveis de livrar do mínimo pensamento impuro, no qual eu, miserável, posso cair neste mundo".[13]

A maneira pela qual ele vive a castidade está marcada pela espontaneidade, pela liberdade e pela simplicidade. Significativo é o que o padre Francisco Giovenale, por um tempo seu diretor espiritual, confidencia a Caione, que nos transmite: "Recebera uma graça especial de Deus: estar livre das tentações contra a pureza; antes, não sabia o que eram, de tal forma que andava com os olhos livres. Vendo-o assim, chamei-o e disse-lhe: *Por que você anda com os olhos sem modéstia, não os trazendo baixos?* Ele respondeu-me: *Por que haveria de tê-los assim?* Conhecendo sua simplicidade e não querendo colocá-lo em malícia, disse-lhe: *Assim o quero!* Daquele momento em diante não mais levantou os olhos, não por temor de tentações, porque não as tinha, mas por obediência".[14]

Não é, pois, de se admirar se as testemunhas no processo de sua canonização insistem tanto sobre a pureza que irradiava de seu "rosto de paraíso": "Foi exímio cultivador da pureza. Ele a transpirava no rosto, nas palavras e em toda a postura pessoal, principalmente do olhar, tanto que foi tido por todos como um anjo de pureza, não se lhe podendo imputar um ato que lhe ferisse a pureza" (Anna Bozio); "manteve extraordinário esforço para conservar a pureza que lhe transparecia toda na modéstia do olhar e de todo o seu comporta-

---

[13] *ScrSp,* 149; *ER,* 373.
[14] CAIONE, 180-181.
[15] Cf. *Allegramente,* 138.

13. De todo o coração

mento, e mais no rosto que manifestava um candor angélico" (Nicola Merola).[15]

Outra testemunha, Caetano Cappetta di Oliveto, afirma que a pureza transparente cria em torno de Geraldo um clima de confiança, eliminando suspeitas e temores: "Nele não havia sombra de pecado... Por isso, com grande familiaridade, confiança e franqueza, os senhores Salvadore di Oliveto e outros ofereciam-lhe hospitalidade e liberdade em suas famílias, onde havia moças que se confiavam a sua direção espiritual".[16]

A fidelidade à castidade exige esforço. As testemunhas insistem igualmente sobre o generoso recurso de Geraldo à penitência e à mortificação: "Sei que irmão Geraldo usava cilícios no corpo e mortificava-se com duras penitências para conservar sua santa virgindade" (Pasquale Bracone); "Geraldo conservou durante toda a sua vida a inocência batismal... Para isso, fazia duríssimas penitências" (Miguel Santorelli).[17]

Já tivemos a oportunidade de ler no *Regulamento de vida* o elenco detalhado dessas penitências. Tudo, porém, vem radicado na oração: para a pureza são as "seis Ave-marias com o rosto no chão", com as quais ele abre e encerra seu dia.[18] E dentre outras "devoções" encontramos esta, que nos faz entender como em tudo ele permanece fiel a seu estilo: ao compromisso de dizer "um Glória-ao-Pai cada vez que enxergar cruzes ou imagens de alguma das três divinas pessoas e cada vez que escutar nomeá-las ou ao iniciar e terminar uma ação", e acrescenta: "farei o mesmo para com Maria Santíssima: cada vez que vir uma mulher, rezarei uma Ave-Maria por sua pureza".[19]

---

[16] Cf. *ivi.*

[17] Cf. *ivi,* 140.

[18] Cf. *ScrSp,* 144; *ER,* 146.

[19] *Ivi,* 154-155; *ivi,* 378.

A amizade

A castidade não faz de Geraldo uma pessoa fechada em si mesma, distante dos outros, mas o impulsiona a doar-se, a abrir-se, a responsabilizar-se pelos irmãos. Já recordamos sua profunda caridade principalmente para com os pobres. Nós nos enganaríamos, se a reduzíssemos a um simples fazer, por generoso que seja. Para ele, caridade é acolher, partilhar, sentir-se próximo: numa palavra, amar de coração.

Quem abre e lê suas cartas fica abismado com a profundidade e a sinceridade da amizade que Geraldo vive com aqueles a quem ele escreve: irmãs, confrades, leigos. Principalmente como ele consegue se libertar da distância e da suspeita que a cultura popular do tempo inculca a respeito do relacionamento com pessoas de sexo diferente.

Basta ler o que ele escreve à irmã Maria de Jesus, em abril de 1752: "Ó Deus, quão grande foi a alegria que senti no íntimo, ao receber sua prezadíssima carta, por mim tão ardentemente desejada! Mas como lhe falo com verdade diante de Deus, digo que este desejo não nasce de meu querer, mas do Altíssimo que me faz sempre pedir ajuda a outros, porque eu sozinho não posso... Consolo-me que Vossa Revma., e todas as suas filhas, estejam tão fortemente empenhadas por mim aos pés da Divina Majestade". Depois acrescenta: "Não se admirem que lhes escreva com tanta afeição, sendo que o único motivo é que são estimadas por mim como verdadeiras esposas diletas de Jesus Cristo e por isso me move o desejo de conversar continuamente com as senhoras. Mas a única razão que toca vivamente meu coração é que as senhoras, esposas que são, me lembram a Mãe de Deus. É nesta condição que as estimo. E não sei se... Deus não quer que haja alguma contra meu querer".[20]

---

[20] *Ivi*, 38; *ivi*, 271.

13. De todo o coração

Numa carta à mesma irmã, em fevereiro/março do ano seguinte, realça a fidelidade da amizade e o faz de forma jocosa: "Eis a resposta a sua estimada carta. Digo-lhe que é preciso escrever por toda a parte e fazer saber... que se narra como uma das mais famosas maravilhas de Deus, o ter V. Revma., depois de tanto tempo, se lembrado de mim, seu servo. E eu que pensava que a senhora não era comigo a mesma de antes. Com tudo isso, porém, ainda não estou certo, mas não me importo; basta ter tido a honra de vê-la novamente. Tenho infinito prazer nisso e louvo por isso ao supremo Criador. Mas, basta! Seja como for, ponho tudo nas mãos de meu Deus amado e lhe perdôo. Se V. Revma. se queixa de mim, digo-lhe que não sou como Irmã Maria de Jesus, que promete muito e não se lembra. Mas daquilo que prometi não sou capaz de esquecer-me. Quero cuidar de cumprir minha obrigação, pois tudo o que lhe prometi quero cuidar de o fazer. Pois quem falta, falta a si mesmo".[21]

Testemunho mais eloqüente da profundidade e de sua comunhão com os outros é a carta que, do leito de morte, dirige a Isabel Salvadore, uma jovem a quem está ajudando em seu caminho vocacional. Vale a pena lê-la por inteira. É um convite aberto à reflexão sobre a amizade e também sobre o valor da vida consagrada.

Ele se dirige a ela como "minha caríssima irmã em Jesus Cristo", convidando-a a ler o que escreve à luz do amor que lhe devota: "Deus sabe como estou. Contudo, meu Senhor permite que lhe escreva de próprio punho; você não pode imaginar o quanto Deus a ama. Mas tanto mais a amará, se você fizer tudo o que lhe pedi aí. Minha filha querida, você não pode imaginar quanto a amo em Deus e quanto desejo sua eterna salvação, pois Deus muito amado quer que eu olhe de modo particular por sua pessoa".

---

[21] *Ivi*, 54; *ivi*, 286/287.

Vindo de Deus, seu amor só conduz a Deus: "Saiba, minha filha querida, que meu afeto está purificado de toda paixão mundana. É um afeto divinizado em Deus. Repito-lhe, portanto, que a amo em Deus, não fora de Deus; se meu afeto saísse, por pouco que fosse, fora de Deus, seria um tição do inferno".

É um amor de horizonte largo, que deseja chegar a toda criatura: "Assim como a amo, assim também amo a todas as criaturas que amam a Deus; e se eu soubesse que uma pessoa me amasse fora de Deus, eu a maldiria por parte de meu Senhor, pois nosso afeto deve ser purificado em amar todas as coisas em Deus e não fora de Deus".

Esta "declaração de amor" deve ajudar Isabel a entender quanto Geraldo disse e fez por sua vocação: "Por isso lhe digo que, se fizer o que lhe pedi, você consolará continuamente a meu Deus e a mim. Minha filha, outra coisa não há, senão amar só a Deus e nada mais. Por isso lhe peço que se despoje de todas as paixões e apegos do mundo e se una toda estreitamente a Deus. Vamos, filha querida, resolva-se finalmente ser toda de Deus! Como é belo ser toda de Deus!".

O coração de Isabel "de hoje em diante tem de ser todo de Deus e nele não habitará senão só Deus; e quando você vir que qualquer paixão nele quiser entrar ou qualquer outra coisa que não é de Deus, diga consigo mesma: *Meu coração está preso; Deus, meu amado, o tomou para si. Por isso, não há lugar para outra coisa, a não ser para meu Deus; sumi, portanto, desaparecei, vós, todas as coisas que não sois meu Deus, meu divino esposo!* A esposa deve ser cuidadosa com seu divino esposo; por isso, deve evitar com cuidado extremo toda a aparência vã. Tem de vigiar seu coração, que deve chamar-se templo de Deus, casa de Deus, habitação de Deus. É assim que se chamam os corações consagrados a nosso amado Deus".[22]

---

[22] *Ivi*, 133-134; cf. *Lettere*, 209-215; *ER*, 361/362.

13. De todo o coração

A facilidade e a simplicidade com que Geraldo se relaciona com os outros nunca são ditadas pela imprudência ou pela superficialidade. Para convencer-nos disto basta reler o episódio relatado pela irmã Madalena Stilla e confirmado pelas duas irmãs Cappucci, suas co-irmãs, protagonistas em primeira pessoa. A casa dos Cappucci, em Lacedônia, era lugar familiar onde Geraldo permanecia com prazer quando em viagem, conversando "sempre assuntos religiosos com as jovens. Um dia estavam sozinhos, ele e as moças, estando ele muito alegre, e até brincava com tanta graça. A mãe, notando isto, não viu maldade, mas antes imprudência a alguém estranho, e poderia tê-lo censurado como pouco avisado. Ruminava isto em sua mente, mas nada dissera a ninguém. Geraldo, no entanto, a quem nem mesmo os segredos do coração permaneciam ocultos, tudo conheceu e, aproximando-se da mãe, revela-lhe os pensamentos; louva-a como mãe prudente e responsável. Ela não soube o que dizer: ficou estupefata e aumentou-lhe a estima que tinha pelo santo homem. Ele acrescentou depois: *Não duvide que suas filhas são boas e religiosas e duas delas serão monjas professas.* De fato, assim aconteceu".[23]

---

[23] Cf. *Allegramente,* 197-198.

14

Repartia tudo

"Como é difícil aos ricos entrar no Reino de Deus. É mais fácil um camelo passar pelo buraco de uma agulha que um rico entrar no Reino de Deus!" Esta dura denúncia do Cristo perante a "tristeza" e a recusa do notável "muito rico", a quem apresentou a necessidade da partilha com os pobres, surpreende os discípulos: "Então, quem poderá se salvar?". A resposta do Mestre deixa bem claro que, se o dinheiro é capaz de forçar tantas portas, não pode, porém, abrir a porta da salvação: "O que é impossível para os homens, para Deus é possível" (Lc 18,18-27).

A palavra de Cristo continua a nos surpreender, talvez mais hoje que no passado. Habituados que somos a reduzir tudo a dinheiro, compreendemos com dificuldade que o que mais conta, a começar do amor e do sentido da vida, escapa a seu poder. Continuamos absolutizando o ter, o acumular, o conservar para nós. Não abrimos os olhos nem mesmo quando o acúmulo egoístico nos coloca uns contra os outros, transformando-se em motivo de sofrimento e de morte.

Cristo não se limita à denúncia. Com toda a sua vida indica-nos que o verdadeiro ter é só aquele que sabe fazer-se partilha concreta. Paulo lembra-o com força aos cristãos de Corinto:

"Conheceis a generosidade de Jesus Cristo que, sendo rico, por vós se tornou pobre para vos enriquecer por sua pobreza". Quer, assim, levá-los ao encontro efetivo com os mais infelizes: "Não se trata de aliviar os outros passando vós apuros, mas de obter a igualdade. Que vossa abundância remedeie por agora sua escassez, de forma que um dia a abundância deles remedeie vossa escassez. Assim haverá igualdade. Como está escrito: A quem recolhia muito, nada lhe sobrava; a quem recolhia pouco, nada lhe faltava" (2Cor 8,9-15).

Com o voto de pobreza, o consagrado decide ser sinal que recorda, também aos outros batizados, a necessidade de serem fiéis na decisão de partilhar, realizada por Cristo: "Ele, apesar de sua condição divina, não fez alarde de ser igual a Deus, mas se esvaziou de si e tomou a condição de escravo, fazendo-se semelhante aos homens" (Fl 2,6-7). Daí resulta um estilo de vida marcado pela liberdade em relação à escravidão do dinheiro e do ganho a todo custo; pela convicção que só a partilha dá qualidade humana autêntica ao nos servir das coisas e dos bens da terra; pela lembrança constante "das palavras do Senhor Jesus, que disse: Há mais alegria em dar do que em receber" (At 20,35).

A pobreza evangélica não contesta o ter como tal, mas o ter que recusa partilhar, fechando-se numa espiral jamais saciada e de consumo egoístico. Quer, por isso, ser uma resposta corajosa à difusão de "um materialismo ávido de riqueza, sem nenhuma atenção às exigências e aos sofrimentos dos mais fracos, nem consideração pelo próprio equilíbrio dos recursos naturais".[1] Leva a estimular um uso sábio dos bens, aberto à solidariedade e ao futuro, denunciando a alienação inerente ao consumismo.

---

[1] *Vita Consecrata*, n. 89.

14. Repartia tudo

A vida de Geraldo é testemunho eloqüente da pobreza evangélica: testemunho alegre e coerente, que também deve nos levar à descoberta da alegria da partilha.

O estilo simples

No processo de sua canonização, abundantes são os testemunhos sobre a generosidade da pobreza por ele vivida: "A pobreza era a doçura de seu coração e a sustentava com todo o vigor... sinal inequívoco disso é o amor e o cuidado particular que tinha para com os miseráveis, que chamava seus caros irmãos" (José Clemente);[2] "nascera de família pobre e pobre foi ainda professando esta virtude em grau sublime, dando como esmola o pouco que tinha de alimento e de veste" (Felícia Pepe);[3] "demonstrou um ódio às grandezas e comodidades desta vida passageira, observando ciosamente o voto de pobreza. De fato, não escolhia para si senão roupas velhas e rasgadas deixadas por congregados e privava-se também do necessário... e distribuía a comida da mesa aos pobres e enfermos" (Francisco Troiano).[4]

"Em casa – escreve Caione – o pior era sempre o seu: os piores quartos e os mais desconfortáveis, a roupa mais velha e mais esfarrapada, as piores roupas de cama e o leito mais miserável. Tantas vezes, faltando o necessário aos outros, ele, como alfaiate, privava-se de sua própria roupa para dá-la a quem não a tinha. E mesmo durante o inverno tremia de frio só com a batina e a camisa. Sua cama poderia ser chamada da comunidade. Quando chegavam hóspedes e não havia como remediar, a cama de Geraldo ficava à disposição,

---

[2] Cf. *Allegramente,* 130.
[3] Cf. *ivi,* 131.
[4] Cf. *ivi,* 144.

e ele... ia dormir na igreja, atrás do altar-mor. Mas aí se punha pelo grande amor que devotava ao Santíssimo Sacramento".[5]

Ele permanece sempre fiel ao que anotou nas "Lembranças", em seu *Regulamento de vida*: "Serei muito pobre a respeito dos gostos de minha própria vontade e rico em toda miséria" (n. 4); "Serei inimigo de todo tratamento especial" (n. 11); "Não me preocuparei em procurar coisas para minha comodidade" (n. 30).[6]

A pobreza de Geraldo exige, no entanto, transparência – de si mesmo e dos outros – no correto uso do dinheiro. À superiora de Ripacandida, que lhe sugere o uso diferente do dinheiro recolhido para o ingresso de uma jovem ao mosteiro, havendo grande dificuldade para usá-lo, Geraldo escreve, decididamente: "Que diz, minha madre? Isto só eu e ninguém mais o pode fazer, pois seria o mesmo que desacreditar nossa Congregação, porque a quem pedi, pedi com a condição e a finalidade de fazê-la monja e não para casá-la. Se não conseguir isso, todo o dinheiro deve ser restituído àqueles a quem pertence. Mas espero em Deus que isto não seja necessário, pois estamos tratando de colocá-la no Conservatório das orfãzinhas de Foggia, já que lá se necessitaria de menos dinheiro e poderia acontecer com mais certeza. Ainda que sejam pessoas de condição, vivem contudo da divina providência, rezam o ofício de Nossa Senhora e não há nenhuma distinção entre elas".[7]

Sempre disposto ao trabalho

A responsabilidade alegre com que assume o trabalho constitui um outro aspecto do estilo de vida de Geraldo. Não importa que o

---

[5] CAIONE, 41-42.
[6] *ScrSp*, 149-150; *ER*, 372.
[7] *Ivi*, 68; *ivi*, 300.

14. Repartia tudo

trabalho seja penoso e sua saúde precária: ele sempre está disponível para assumir também o trabalho dos outros. Já lemos o que Caione escreveu sobre os primeiros anos em Deliceto: "Foi, de modo especial, amantíssimo do trabalho, assim que nunca perdia tempo... Quando devia fazer o pão para a comunidade, ele trabalhava por quatro; adiantava-se aos outros, dizendo: Deixem que eu faça! Podem parar e descansar! E assim fazia sozinho". Não obstante toda essa generosidade no trabalho, não interrompia seu diálogo com o Senhor: "Em meio aos trabalhos manuais, conservava-se sempre recolhido e unido a Deus, erguendo sempre os olhos ao céu, como se tivesse perdido os sentidos".[8]

A espontaneidade com que está pronto a ajudar os outros, não deve, porém, se transformar em motivo de tensão e confusão. Conhecendo os problemas que a este respeito podem acontecer na comunidade, Geraldo aponta nestes termos tal preocupação em suas "Lembranças": "Não interferirei nos ofícios dos outros, nem sequer para dizer: aquele não fez bem isto etc." (n. 20); "em todos os ofícios em que me colocarem como ajudante, obedecerei atentamente ao encarregado, sem contestação. Diante de uma ordem, não me atreverei a dizer que isto ou aquilo não está bem, que não me agrada. Contudo, em coisas que eu tenha alguma experiência e perceba que não está bem, direi meu parecer, mas sem arvorar-me em mestre" (n. 21).[9]

Principalmente, ele se preocupa em não transformar o trabalho desenvolvido junto com os outros em motivo de contraste ou de conflito: faz de tudo para que seja ocasião de verdadeiro encontro fraterno. Para isso está pronto a escolher para si os trabalhos mais pesados: "Em todos os casos, nos quais devo trabalhar com os ou-

---

[8] CAIONE, 35-36.
[9] *ScrSp,* 151; *ER,* 375.

tros, ainda que sejam coisas pequenas e simples como varrer, carregar objetos etc., nunca terei por norma ocupar o melhor lugar, o mais cômodo, o instrumento mais apropriado para esse trabalho. Darei o melhor aos outros, contentando-me em Deus com o que me sobrar. Assim, os outros estarão contentes, e eu também" (n. 22).[10]

A opção pelos pobres

Porque "continuação" do condividir de Cristo, a pobreza evangélica leva necessariamente à opção de estar e de se empenhar com e pelos pobres. Esta opção é, conforme João Paulo II, uma "opção ou amor preferencial pelos pobres. Trata-se de uma opção, ou de uma forma especial de primado na prática da caridade cristã, testemunhada por toda a Tradição da Igreja. Ela concerne à vida de cada cristão, enquanto deve ser imitação da vida de Cristo; mas aplica-se igualmente a nossas responsabilidades sociais e, por isso, a nosso viver e às decisões que temos de tomar, coerentemente, acerca da propriedade e do uso dos bens".[11] Sem ela, nós nos iludiríamos ao encontrar o autêntico rosto de Cristo, dado que ele mesmo quis identificar-se com os pobres.[12] Sobre isso, no fim dos tempos, seremos julgados: "Vinde, benditos de meu Pai, para herdar o reino preparado para vós desde a criação do mundo. Porque tive fome e me destes de comer, tive sede e me destes de beber, era migrante e me acolhestes, estava nu e me vestistes, estava enfermo e encarcerado e me visitastes" (Mt 25,34-36).

Não se trata apenas de fazer alguma coisa aos pobres, mas de assumi-los como ponto de partida na avaliação dos fatos, na

---

[10] *Ivi; ivi,* 375.
[11] *Sollicitudo rei socialis,* n. 42.
[12] Cf. *Novo millennio inneunte,* n. 49.

14. Repartia tudo

indicação dos problemas, na delineação das possíveis soluções e em construí-las pacientemente. Só assim poderemos permanecer fiéis e testemunhar "o estilo do amor de Deus, sua providência, sua misericórdia", continuando a semear "na história aqueles gérmens do Reino de Deus que o próprio Jesus colocou em sua vida terrena, vindo ao encontro de quantos recorriam a ele para todas as necessidades espirituais e materiais".[13]

Não pode existir vida cristã autêntica sem atenção e empenho para com os pobres. As modalidades podem variar, mas, como lembrou o Sínodo dos Bispos sobre a Vocação e Missão dos Leigos (1987), devemos estar convencidos de que o Espírito nos faz descobrir mais claramente que hoje não é possível ser santo sem empenho pela justiça, sem solidariedade para com os pobres e oprimidos.[14]

A solidariedade pronta e generosa com todos os necessitados é uma característica fundamental da espiritualidade de Geraldo Majela. É justo pensar que ela foi facilitada pelo fato de ele ter nascido numa família pobre e que, desde pequeno, enfrentou mil e um problemas da vida cotidiana. Nele, porém, a solidariedade com os pobres é de modo especial fidelidade ao redentor e a suas opções de partilha conosco.

O inverno de 1755

Significativo é o que nos relata Caione sobre a caridade de Geraldo para com os pobres, no rigorosíssimo inverno de 1755. Já nos referimos a isso, mas é oportuno reler estas páginas pelo vigor e qualidade

---

[13] *Ivi.*

[14] Cf. *Mensagem Final,* n. 3.

138

de seu testemunho: "Naquele ano – propriamente no mês de janeiro de 1755 – reinava uma extrema penúria em Caposele, tanto que mais de cento e vinte pobres vinham até nossa portaria, toda manhã. E aqui não se pode expressar a grande caridade que Geraldo lhes devotava e com que os socorria em suas misérias. Fazia-se tudo para todos, consolava-os com suas costumeiras palavras de paraíso, instruía-os nas coisas da fé, fazia-lhes algum pensamento devoto e depois, enfim, distribuía-lhes a esmola e eles se iam duplamente consolados. Como naquele inverno o frio era muito intenso, procurava aquecê-los também com o fogo que, com licença do superior, acendia e lhes levava, em dois ou três braseiros, próximo à porta da Igreja e mesmo dentro da portaria e, ainda que fosse numerosa a multidão, ninguém partia sem alguma esmola, e nunca aconteceu problema algum".

Quando as reservas de pão corriam o risco de se acabarem, recorria prontamente à força divina: "Apresentou-se uma manhã na portaria – relata Caione – uma pessoa um tanto culta, que, por não ter coração, estava num canto sem ousar pedir a esmola. Encontrou-se aí presente um rapaz, chamado Teodoro Cleffi, que sempre estava conosco. Ele se apressou junto a Geraldo e lhe disse tudo. Então Geraldo replicou: *Meu filho, você chegou tarde! Já distribuí tudo!* Depois, pensando um pouco, disse: *Espere! Espere!* Entrou e voltou logo e tirou do peito uma fogaça bem quente, como se tivesse saído do fogo naquele momento, e entregou-a àquela pessoa necessitada. Corria a fama que naquele tempo, em Caposele, Deus multiplicava os pães pelas mãos de Geraldo, uma vez que eram tantos os que aí acorriam e ninguém saía desconsolado".[15]

De resto, Geraldo assim viveu desde sua adolescência. O episódio do agasalho que seu tio lhe deu, e que foi logo dado a um pobre, é significativo. É ainda Caione que nos relata: "Ocorreu um fato

---

[15] *Ivi,* 104-105.

14. Repartia tudo

que mostra sua grande caridade para com os pobres e seu desprendimento das coisas deste mundo. Foi, um dia, visitar seu tio, frei Boaventura, padre mestre graduado na Ordem dos Capuchinhos, não sei se em Muro ou em San Menna. O frei, vendo-o tão maltrapilho e mal vestido, providenciou-lhe um ótimo agasalho, quase novo. Ora, mal se despedira do tio e saíra pela porta do convento, encontrou-se com um pobre todo rasgado e maltrapilho, que lhe pede uma esmola, por amor de Deus. Não tendo o que dar, tirou o agasalho, doado pelo tio, e lho deu por caridade. Ciente disso, o tio manda chamá-lo e lhe dá uma tremenda bronca. Ele, porém, respondeu só isto: *Dei-o a alguém mais necessitado que eu!*".[16]

Com profundo respeito

A verdadeira caridade projeta os gestos e as palavras, partindo sempre das necessidades dos outros. É fiel ao modo como que Cristo veio ao encontro do homem: encarna-se na situação concreta de necessidade do irmão para tentar uma resposta que seja de ajuda efetiva. A caridade é sempre rica de sincero respeito. Embora com sua habitual espontaneidade, Geraldo se preocupa em evitar tudo o que possa ser exibição ou espetáculo, mantendo-se fiel às palavras de Cristo: "Guardai-vos de praticar as boas obras em público para serdes admirados... Quando derdes esmola, não saiba a esquerda o que faz a direita" (Mt 6,1.3). Além disso, Geraldo sabe muito bem que os pobres são "pobres de Jesus Cristo",[17] como costuma dizer, e que, no momento em que tentamos responder com sinceridade a suas necessidades, nós é que somos primeiramente enriquecidos por eles.

---

[16] *Ivi*, 24-25.
[17] Cf. *Allegramente*, 83.

Este amor solícito e respeitoso marca de tal forma sua vida que Caione atribui-lhe uma "inclinação natural aos pobres, aos quais devotava especial ternura".[18]

Por isso, não espera que os pobres venham até ele, mas adianta-se-lhes nas necessidades, como lembra irmã Michele Santorelli, no processo de canonização de Geraldo: "Mandava aos enfermos de Caposele abundantes donativos nas panelas ou em outras vasilhas que seus familiares traziam", repetindo "sempre querer jejuar para aliviar os pobres e enfermos". Por outro lado, descia sempre a Caposele para visitar os enfermos e reanimá-los com esmolas, provendo-os ainda de remédios da farmácia do colégio".[19]

Caetano Trerretola acrescenta que Geraldo, embora sendo movido por sua "excessiva caridade a socorrer todos os pobrezinhos de Cristo", estava "especialmente atento às desconsoladas viúvas e moças aflitas, que facilmente poderiam perder o tesouro de sua honestidade".[20]

Quando se trata de defender as jovens em sua escolha vocacional, Geraldo se mostra particularmente decidido. É significativo o que escreve a Jerônimo Santorelli, que busca, por todos os meios, dissuadir uma jovem da decisão de consagração: "Deveria ter-lhe escrito antes, mas Deus não o quis. Escrevo-lhe agora e lhe digo que jamais havia pensado que V. Senhoria fosse capaz de fazer aquela ação que me causou tanta admiração, como nem tinha imaginado. Como? V. Senhoria está tão fraco assim? Mas basta! E depois, é tão pouco prudente que chega a mandar por aquela pessoa de respeito, os enfeites e grinaldas a Catarina? Que loucura é esta? De fato, eu não o imaginava. Pois lhe digo que ela é protegida por Deus e por mim. Por que, então, V. Senhoria quer tentar o poder de Deus?".[21]

---

[18] CAIONE, 26 e 28.

[19] Cf. *Allegramente*, 95.

[20] *Ivi*, 97.

[21] *ScrSp*, 125-126; *ER*, 354.

14. Repartia tudo

Caione relata também as visitas aos pobres doentes mentais de Nápoles: "Era costume o irmão Geraldo entrar freqüentemente no pátio do hospital dos Incuráveis e aí, reunindo alguns desses pobres doentes, estabelecer com eles alguma conversa sobre Deus e, conforme comportava o estado e condição daqueles infelizes, animá-los a suportar aquela cruz que o Senhor lhes havia mandado e oferecer a Deus aqueles trabalhos que eram obrigados a fazer por aqueles que os dirigiam. E, partindo dali, deixava-os consolados e alegres como nunca. E, quando o viam, saíam a seu encontro com grande festa e não sabiam sair de junto dele, e diziam: *Meu padre, console-nos! Queremos ficar sempre com você: não nos deixe! Fique sempre conosco!* E outras palavras como estas. Outras vezes levava-lhes alguns doces e guloseimas, para atraí-los a escutar alguma coisa espiritual, para fazê-los praticar algum ato bom para Deus".[22]

Sobretudo hoje, a caridade, quando autêntica, deve sentir-se chamada a enfrentar e remover as causas que geram pobreza, discriminações, injustiças: deve transformar-se em compromisso político. Doutra forma, também a resposta imediata a uma necessidade do pobre corre o risco de se transformar em confirmação de estruturas e relações geradoras de pobreza e dependência. Nunca, porém, deveremos subtrair-nos de tudo o que já podemos fazer agora para aliviar as situações de necessidade: quem morre de fome ou de doença ou por perseguições não tem tempo para esperar.

Não devemos nunca nos defender das necessidades dos outros, mas recebê-las com coração de próximo, buscando, como Geraldo, responder, mesmo a custo de "incomodar" o próprio poder divino. E, principalmente, jamais devemos perder de vista que Cristo quis identificar-se com quem está em necessidade" (Mt 25,31-46).

---

[22] CAIONE, 96-97.

15

Quero ser obediente

A vida religiosa sempre tem atribuído particular importância ao conselho evangélico da obediência, como livre e total disponibilidade às urgências do reino de Deus. O papa João Paulo II lembra isto na exortação *Vita Consecrata:* "A *obediência,* praticada à imitação de Cristo, cujo alimento era fazer a vontade do Pai (cf. Jo 4,34), manifesta a graça libertadora de uma *dependência filial e não servil,* rica de sentido de responsabilidade e animada pela confiança recíproca, que é reflexo, na história, da *amorosa correspondência* das três Pessoas divinas".[1]

Coloca-se, por isto, como resposta ao esvaziamento da liberdade hoje presente naquelas concepções que "subtraem esta fundamental prerrogativa humana a sua relação constitutiva com a verdade e com a norma moral". A obediência dos religiosos "apresenta de modo particularmente vivo a obediência de Cristo ao Pai e, partindo exatamente de seu mistério, testemunha que não *há contradição entre obediência e liberdade...* Demonstra, assim, que cresce na verdade plena de si mesma, quando permanece ligada à fonte de sua existência".[2]

Dentre as apresentações mais difundidas de Geraldo está a que convida a vê-lo como o "santo da obediência". Trata-se,

---

[1] *Vita Consecrata,* n. 21.

[2] *Ivi,* n. 91.

no entanto, de uma obediência livre e alegre, que "engrande-ce". Ele fez da uniformidade com a vontade de Deus a base inquebrantável da alegre liberdade que caracteriza todo o seu caminho espiritual, conforme o que escreve no *Regulamento de vida*: "Alguns se preocupam em fazer isto ou aquilo. Eu só tenho a preocupação de fazer a vontade de Deus".[3] À luz desta opção fundamental, obediência e liberdade chegam a se encontrar de maneira fecunda.

Exemplo de obediência

Na memória dos confrades redentoristas, a prontidão ale-gre com que Geraldo obedeceu deixou uma marca profunda. Depondo no processo de canonização, o Reitor-mor da Con-gregação, Giancamillo Ripoli, afirma: "O padre Tannoia, como também o padre Negri, me asseguravam, em relação à obediência no Colégio de Deliceto, que Geraldo podia ser dito o *santo da obediência,* enquanto para ele não só a voz, mas também um gesto e até mesmo um pensamento do superior eram um man-damento expresso que acreditava ser um delito não praticá-lo prontamente".[4]

Análogas são afirmações de outros redentoristas: "Teve a voz do superior como a voz de Deus, de forma que, por este princípio, tornou tudo obediência, que praticou ao pé da letra, sem interpretação" (José Papa); era, por isso, "caro a todos, es-pecialmente a seus superiores, que o amaram não apenas pelos grandes dons com os quais o Senhor o enriquecera, mas por

---

[3] *ScrSp,* 146; *ER,* 370.
[4] Cf. *Allegramente,* 118.

15. Quero ser obediente

sua muito grande obediência, assim que aqueles venerandos padres, que me contaram todas essas coisas, proclamaram-no também *o santo da obediência, o compêndio de todas as virtudes"* (Cláudio Ripoli).[5]

Os compromissos assumidos por ele no *Regulamento de vida* não deixam dúvida em relação não só à prontidão de sua obediência, mas também à perspectiva de fé da qual brota. Nas "Lembranças", como já vimos, ele coloca em primeiro lugar a uniformidade com a vontade de Deus: "Meu Deus querido, único amor meu, hoje e para sempre me entrego a vossa divina vontade. Em todas as tentações e tribulações direi: *Que se faça vossa vontade"* (n. 1); acrescenta depois dois outros propósitos em relação à obediência: "Senhor Jesus Cristo, farei quanto a santa Madre Igreja Católica me ordena" (n. 2); "Deus meu, por vosso amor obedecerei a meus superiores como se olhasse e obedecesse a vossa divina pessoa. Serei como se já não fosse eu, para identificar-me com o que sois na inteligência e vontade de quem me ordena" (n. 3); depois anota ainda: "Ao receber a bênção do superior, considero tê-la recebido da própria pessoa de Jesus Cristo" (n. 34).[6]

Atribuindo à obediência esta profundidade de fé, não se deve ficar surpreso que Geraldo tenha um coração que evite até mesmo a mínima sombra de desobediência. Por ocasião da tomada de posição do bispo, que lhe restringe a correspondência, escreve à irmã Maria de Jesus, em abril de 1753: "Peço-lhe que não se aflija por isso, porque seria o mesmo que queixar-se de Deus. Portanto, que se faça sua santíssima vontade. E eu me declaro contentíssimo que não me escreva mais; o mesmo digo também

---

[5] Cf. *ivi*.

[6] *ScrSp*, 149 e 152; *ER*, 372, 373, 376.

às Irmãs. E mesmo que seja só para me saudar, se conhecer nisso a mínima sombra de desobediência, não o faça por caridade e por amor de Deus, porque me contento com tudo. Basta que me recomende ao Senhor".[7]

A causa de Deus

Tendo feito da "causa de Deus" "sua causa", Geraldo está certo de que a obediência lhe garante que "sua causa" se torna a "causa de Deus". Isto aparece no que o redentorista Cláudio Ripoli depõe sobre seu comportamento quando da calúnia forjada por Nerea Caggiano: Geraldo foi "chamado a Pagani pelo próprio santo fundador e, enquanto asperamente castigado, não proferiu uma palavra para se justificar, nem, sempre tranqüilo, abriu a boca para o mínimo lamento. Com outros, porém, de modo privado, dizia com uma confiança de plena segurança: *Se nossa Regra não permite que eu me justifique, minha causa é a causa de Deus!*". Descoberta mais tarde a calúnia, Santo Afonso "chamou-o carinhosamente" e disse-lhe: "*Por que você não se justificou quando recebeu a punição?* Geraldo respondeu: *Pai, a Regra me proibia e para mim só restava Deus como apoio de minha inocência.* Santo Afonso ficou atônito; depois se mostrou satisfeito com o procedimento de Geraldo. E disse ao consultor Cimmino: *Geraldo é um prodígio de observância. Disso me deu a prova mais evidente; e eu fiquei sumamente edificado, considerando como este irmão chegou a tão alto grau de perfeição*".[8]

Segundo seu estilo, Geraldo vive às vezes como um "jogo" sua total disponibilidade ao que lhe ordenam os superiores. É um jogo confirmado pela confiante simplicidade, com que se sente na relação

---

[7] *ScrSp*, 44; *ER*, 277.
[8] Cf. *Allegramente*, 122.

15. Quero ser obediente

com Deus. As testemunhas no processo de sua canonização relatam episódios significativos, impressos na memória popular.

Para Ângelo Sturchio "um sinal, uma palavra proferida pelo superior e até o pensamento dele eram uma ordem para Geraldo. Repetidas vezes provocava admiração, porque, enquanto o superior pensava em lhe pedir alguma coisa, ele se dispunha imediatamente em segui-la. E quando perguntado pelo reitor por que se determinava fazer aquilo, respondia modestamente: *Vossa Revma. o desejou*".[9]

Isto também quando "se encontrava em lugares distantes", diz Francisco Alfani, recordando o que aconteceu em Melfi: "Geraldo encontrava-se em Iliceto e seu reitor em Melfi, a muitas milhas de distância. E o bispo de Melfi, ouvindo falar dos dons com os quais Deus enriquecera aquele santo irmão, pediu ao reitor aí presente que o mandasse chamar, porque gostaria de conhecê-lo. *Não é preciso*, disse o reitor, *eu lhe peço para vir agora e neste preciso momento se moverá para cá.*

O bispo, embora persuadido da santidade de Geraldo por aquilo que tinha ouvido, duvidava do sucesso daquele teste: no entanto, marcava a hora, e disse para si: *Vamos ver.*

Medido o tempo necessário para percorrer a distância, Geraldo chegava e se apresentava ao reitor que estava com o bispo... e o reitor disse-lhe: *Geraldo, por que veio? Você continua perambulando, conforme seu costume?* Ele, então, baixou os olhos, com toda a modéstia, e respondeu: *V. Revma. e Monsenhor (bispo) conhece bem a ordem de vir para cá; e eu professei a obediência*".[10]

O próprio Francisco Alfani se refere ao episódio do barril que Geraldo deixou aberto, ao atender prontamente a portaria,

---

[9] Cf. *ivi*, 120.

[10] Cf. *ivi*, 120-121.

sem que dele saísse nem mesmo uma gota de vinho: "Geraldo nunca foi visto lento no exercício dos próprios deveres, sendo a obediência para ele a voz de seu Deus. Não havia palavra que lhe era dita pelo superior que não interpretasse como ordem, e a praticava com toda a prontidão. Um dia, o servo de Deus saía com toda a pressa da cantina para a portaria daquele Colégio, com um copo de vinho na mão. O superior censurou-o por isto. Geraldo, porém, respondeu-lhe que fazia assim porque obedecia, pois, este lhe havia dito: *Quando soa a campainha, deixa como te encontras e corre logo à portaria.* E estando assim, assim foi até à porta. O reitor, vendo tanta ingenuidade, disse-lhe: *Vai, vai, vai te enfornar!*

Ele não fez outra coisa: este anjo de obediência entrou no forno da casa e daí não saiu sem a permissão do superior, que naquele dia pôde ver quanto Geraldo era amado e favorecido por Deus. Porque, tendo sido encontrado na referida cantina o tonel aberto, sem que nem mesmo uma gota de vinho saísse, e perguntado por que o deixara aberto, respondeu que a ordem recebida era deixar as coisas como estavam e correr para a portaria. Todos os padres e irmãos tiveram de concluir então que era Deus que brincava com Geraldo".[11]

Manda-me uma obediência forte

A sofrida mendicância do quente verão de 1755 é um testemunho particularmente forte da radicalidade da obediência de Geraldo, mas também da sincera marca de alegria que o caracteriza. Caione – ele mesmo conta o episódio – antes de enviá-lo, chama

---

[11] *Ivi*, 123-124.

15. Quero ser obediente

Geraldo "para saber como se sentia e se estava seguro de poder peregrinar com a carta circular. Ele disse com sinceridade como se sentia e que iria alegremente. Com isso, o superior Caione, duvidando que essa viagem não lhe fizesse mal à frágil saúde, colocou-lhe a mão na fronte e deu-lhe uma ordem puramente mental com essas palavras formais: *Eu quero, em nome da Santíssima Trindade, que você passe bem!* O irmão, diante dessa ordem, voltou-se, para o superior, olhando-o e rindo. O padre Caione, não entendendo nada, fez uma pequena admoestação, para saber o que significava aquele riso. Então, Geraldo lhe disse: *Sim, senhor, quero obedecer, quero estar bem, quero estar bem!* [12]

O quente e longo giro agravou, no entanto, as condições de Geraldo. Nada, porém, consegue abalar sua obediência alegre. De Oliveto, dia 23 de agosto, comunica ao próprio padre Caione seu agravamento de saúde: "Voltou-me a costumada tosse e tornei a pôr sangue pela boca". Depois acrescenta: "Diga-me o que devo fazer. Se quer que eu volte, voltarei imediatamente; mas, se quer que continue o peditório, continuarei sem mais... Ora, vamos, envie-me uma ordem forte e seja como for. Desagrada-me saber que V. Revma. ficará apreensivo. Alegre-se, meu caro padre, não é nada. Recomende-me a Deus, a fim de que me faça cumprir sempre, em tudo, a divina vontade".[13]

Somos, hoje, tão ciosos de nossa liberdade que nos aconselhar, conferir com os outros, aceitar sugestões ou indicações parecem-nos um peso intolerável. Temos dificuldade em reconhecer o valor das experiências ou das competências dos outros e em respeitar as legítimas decisões da autoridade. Não percebemos que, fazendo

---

[12] CAIONE, 126-127.
[13] *ScrSp*, 130-131; *ER*, 359.

assim, transformamos a liberdade em arbítrio ou capricho momentâneo, fácil de manipular por parte dos "espertos" e "poderosos". Principalmente fingimos não ver que provocamos um constante conflito com a liberdade dos outros, sempre fonte de sofrimento e de morte.

Com a prontidão alegre de sua obediência, Geraldo convida-nos a viver nossa liberdade em solidariedade com a dos outros. Os espaços e os direitos que reivindicamos conseguem então abrir-se às exigências do bem comum: acolhê-los não virá a ser um peso, mas única estrada que permite exercer autenticamente nossos próprios direitos. O sim às legítimas decisões das diferentes formas de autoridade, enquanto expressão e promoção do bem comum, não será ditado pelo medo ou pelo oportunismo, mas será afirmação de uma verdadeira liberdade que quer construir qualidade de vida e futuro para todos.

16

A prudência do Espírito

A crescente complexidade das situações em que se desenvolve nossa vida hoje está nos conduzindo a redescobrir a importância da prudência. Confrontados por diferentes valores, que muitas vezes se torna difícil compô-los, compreendemos sempre melhor que é possível reconhecer o bem a se fazer só através de uma avaliação atenta de tudo o que está em jogo. De modo especial, é preciso saber colocar em diálogo fecundo a intencionalidade para o bem, da qual somos animados, e a concreteza da realidade, com suas possibilidades, mas também com seus limites que não faltam.

A prudência é exatamente essa capacidade. Para o que crê, contudo, ela, antes de uma virtude adquirida com o próprio esforço, é dom do Espírito. Deve ser objeto de oração, como Paulo não se cansa de insistir: "Isto é que eu peço: que vosso amor cresça sempre mais em conhecimento e em toda espécie de percepção, para que saibais apreciar o que tem maior valor. Assim chegareis limpos e sem tropeço ao dia de Cristo" (Fl 1,9-10). Levar-nos-á, portanto, a escolher sempre o que nos constrói juntamente com o outro: "Ninguém procure seu próprio interesse, mas o do próximo" (1Cor 10,23).

Geraldo vive dessa prudência, sem jamais reduzi-la a formalismo ou a um cálculo mesquinho em defesa dos próprios interesses e do próprio comodismo. Acrescenta aí uma nota particular de alegre espontaneidade, em fidelidade à palavra de Cristo: "Sede prudentes como as serpentes e simples com as pombas" (Mt 10,16).

Prudente sobretudo no falar

Testemunhas em seu processo de canonização afirmam que a prudência de Geraldo "era eminentemente heróica, como demonstrou em várias circunstâncias e em fatos no decorrer de sua vida" (José Farenga); era "santa e simples" (Francisco Troiano); "era admirada por todos" (Martinho Pannuto); "com grande admiração fazia o que pessoas instruídas não tinham podido fazer" (Vicente Colonna). Por isso é "procurado por pessoas constituídas em dignidade e condições para se iluminarem em matéria de consciência" e "reputado como um oráculo de sabedoria por todos os que a ele recorriam" (Caetano Trerretola).[1]

Por outro lado, declara o redentorista Cláudio Ripoli, Geraldo, embora não tivesse realizado estudos teológicos, "tornara-se tão hábil na direção das almas que foi tido como mestre de teologia e de ascética por tantos que o conheceram".[2]

Difícil é principalmente a prudência no falar, como diz o apóstolo São Tiago: "Todos falhamos muitas vezes: aquele que não falha com a língua é homem íntegro, capaz de frear o corpo inteiro" (Tg 3,2). No *Regulamento de vida* dá a isso especial atenção: "Não falarei a não ser sob estas três condições: que aquilo que devo dizer seja para a verdadeira glória de Deus; para o bem do próximo e por alguma necessidade minha" (*Lembranças*, n. 6). Depois acrescenta:

---

[1] Cf. *ivi*, 100-102.
[2] Cf. *ivi*, 102.

16. A prudência do Espírito

"A toda palavra que desejar falar, e da qual não resultar o gosto de Deus, acrescentarei uma jaculatória: 'Jesus meu, eu te amo de todo o coração'" (*Lembranças*, n. 8).[3]

À luz destes propósitos não é de se admirar o que depõe Caetano Cappetta di Oliveto: "Nunca loquaz, falava a propósito, e sempre se inclinava a assuntos religiosos e edificantes. Corrigia com caridade, nunca se avantajando sobre outros em santidade; antes, declarava-se o menor de todos... Sua prudência resplandecia de modo especial em regrar os afetos alheios. Quando vinha a Oliveto, todos iam até ele como oráculo de sabedoria, e ele colocava em seus corações com tanta graça e unção, pureza, sinceridade, moderação, sem hipocrisia".[4]

A prudência na direção da comunidade

As cartas de Geraldo dão eloqüente testemunho de sua prudência também em aconselhar. Vale a pena reler o que sugere à irmã Maria Michela, nova superiora do mosteiro de Ripacandida, no verão de 1753. Ela se dirige a ele, pedindo orientações para sua nova missão.[5]

Geraldo lembra-lhe as qualidades fundamentais de uma superiora: "Primeiramente a madre priora, que está no lugar de Deus, deve cumprir seu ofício com grande retidão, se quiser agradar a seu supremo Senhor, que a tem em seu lugar... Deve estar cheia de prudência infinita e em todas as suas coisas deve guiar-se pelo espírito de Jesus Cristo".

---

[3] *ScrSp*, 149-150; *ER*, 373.

[4] Cf. *Allegramente*, 103-104.

[5] *ScrSp*, 74-76; Cf. o comentário detalhado de D. CAPONE, em *Lettere*, 106-115; *ER*, 303-307.

Observa depois que a animação deve ser feita antes de tudo com o próprio exemplo: "Deve ser um vaso puro, cheio de santas virtudes, para que daí saiam todas as virtudes para assim comunicá-las a suas filhas, a fim de que todas cresçam com as virtudes da madre". Deixando-se guiar pelo amor, é necessário que evite os desânimos e a utilização do próprio ofício, ditada pelo orgulho ou pelo amor próprio: "Deve cumpri-lo com suma perfeição angélica, conformando-se em tudo à divina vontade e permanecendo indiferentíssima nesse encargo, sem apegar-se a ele".

É preciso que a superiora busque o conselho de pessoas competentes e que o faça de modo que seu pensamento seja "uma contínua roda, girando para pensar nas necessidades de suas filhas. Há de amar a todas puramente em Deus, sem distinção alguma". Para isso "deve mostrar confiança em todas, mormente quando vê que alguma não lhe tem a confiança".

A prudência é necessária à superiora, particularmente quando precisa corrigir alguma irmã: "Dela exigem-se fortaleza e doçura. Já que está no lugar de Deus, a priora deve fazer-se obedecer e deve castigar as desobedientes, que não querem ouvir a voz de Deus; mas castigá-las com prudência... Faz-se mais bem com a doçura, quando é preciso, do que com a aspereza. A aspereza traz consigo perturbação, tentações, obscuridade e preguiça. A doçura traz paz e tranqüilidade e anima as filhas a amar a Deus. Se todas as superioras agissem desta maneira, todas as súditas seriam santas. Há tantas perturbações em algumas casas religiosas, porque falta a prudência. Onde há perturbação está o demônio, não está Deus".

Os santos não foram espíritos na terra

Embora Geraldo não fosse sacerdote, tantos (leigos, religiosos, sacerdotes) são os que o procuram buscando ajuda no discernimento

16. A prudência do Espírito

do próprio caminho espiritual. As cartas testemunham a sabedoria, o respeito, a condivisão sincera, que animam Geraldo e lhe permitem sustentar e dar segurança a quem se dirige a ele.

Iluminado é o modo como enfrenta o problema dos escrúpulos que atormentam o padre Caetano Santorelli. O tom de sua carta é deliberadamente decidido, para cortar pela raiz o emaranhado de raciocínios que atormentam o sacerdote: "Ouça-me e ouça com muita atenção o que lhe digo; tal qual lhe digo de parte de toda a minha Santíssima Trindade e de nossa Mãe Maria Santíssima. E faça com que esta seja a última resposta que recebe de mim, nem lhe falarei nunca mais assim como lhe falo agora. Quanto aos escrúpulos da vida passada, sua consciência foi mais de uma vez bem examinada, como sei. Por isso, Vossa Reverendíssima não pense mais nisso. Suas angústias e dúvidas são todas arte do inimigo infernal, que procura fazê-lo perder a bela paz de sua consciência. Por isso, não dê mais ouvidos a tal sugestão: repila-a como verdadeira tentação. Procure conservar a verdadeira paz interior, a fim de que possa avançar mais e mais na santa perfeição".

Depois de ter exortado o padre Caetano a se servir do "regulamento", que já lhe deu, pede que considere como tentação o sentir escrúpulos em relação ao ministério de confessor: "Sobre o contínuo escrúpulo que sente quanto ao ministério da confissão, é uma grande tentação para fazê-lo abandonar a obra de Deus que lhe foi destinada 'ab aeterno' para seu maior proveito espiritual. Tenha cuidado! Da parte de Deus, lhe digo: não consinta nunca em tal tentação, porque, se V. Revma. deixasse de confessar, isso lhe seria uma grande ruína e um impedimento na vida espiritual. E, se deixasse de fazê-lo, Deus não lhe daria o grande prêmio futuro. Seria o mesmo que não fazer a vontade de Deus. Repito que é vontade de Deus que V. Revma. trabalhe com grande zelo na vinha de meu Senhor e não duvide de que isto sói acontecer na confissão. Basta que esteja firme a vontade de não ofender a Deus; e não se importe com o resto. A respeito da doutrina, Deus lhe deu quanto precisa para seu ofício".[6]

Análogas são as indicações enviadas ao padre Francisco Garzilli, também ele atormentado pelos escrúpulos. O tom é mais confidencial, tratando-se de um confrade. Geraldo insiste de modo especial numa leitura confiante das próprias dificuldades: "Meu caro padre, sinto muita satisfação com a brincadeira que sua Divina Majestade faz com V. Revma.; esperemos que Ele queira conceder-lhe ótima vitória. Ora, vamos, não tenha mais receio, mas fique alegre, pois Deus está com V. Revma. e espero que não o abandonará.

V. Revma. duvida de suas confissões: é uma pequena mortificação que Deus lhe quer dar, mantendo-o angustiado. Diz-me V. Revma. que julga em causa própria. Pois bem! Deve ter forçosamente este pensamento. Se não fosse assim, não sentiria angústia. É isso que sua Divina Majestade costuma fazer com seus amantes, querendo-os angustiados, até fazê-los conhecer que tudo vem dele. Se a alma de V. Revma. tivesse conhecimento de que tudo vem de Deus, certamente não teria mais angústias; pelo contrário, tudo isso lhe seria um paraíso na terra. Se, pois, temos algum pequeno defeito e caímos, pensemos que os santos não foram puros espíritos na terra".[7]

Deixem que faça

Enquanto fruto do Espírito, a prudência de Geraldo se articula em torno da caridade e da obediência e é expressão de sua profunda confiança na onipotência de Deus. Para ele, é prudência responder

---

[6] *Ivi,* 91-93; *ER,* 325-326.
[7] *Ivi,* 95-96 ; *ER,* 328.

16. A prudência do Espírito

prontamente às necessidades dos pobres, mesmo correndo o risco de deixar os confrades de sua comunidade de Materdomini sem pão: está certo de que Deus proverá. E, na realidade, os fatos lhe dão razão, obrigando o próprio reitor a mudar de opinião: "Deixe que faça a seu modo, porque Deus brinca com Geraldo!"[8]

Idêntica conclusão devem tirar aqueles que, numa tarde de inverno, em vão procuram contê-lo, pois a chuva que caiu tornou intransitáveis as estradas e impossível a travessia do rio Ofanto. A resposta de Geraldo, como lembra Caione, foi clara: "Eu agradeço... mas vou persistir, porque devo estar em Melfi esta tarde. Assim me ordenaram". Fizeram-no então acompanhar por dois homens que, chegados ao Ofanto, "vendo o volume de água agitada, tão alta que carregava consigo paus inteiros e pedras", tentaram mais uma vez dissuadi-lo. Ele, no entanto, "fez o sinal da cruz e disse ao cavalo: *Vamos, passemos, em nome da Ssma. Trindade,* e se jogou na água com o cavalo. O cavalo afundou até a garupa, e com a cabeça para fora passava aquela água agitada. Quando chegou à metade do rio, os que estavam à margem choravam, dizendo: *Nossa Senhora, ajude-o!* Viram uma árvore inteira, trazida pela correnteza, e gritaram: *Irmão Geraldo, uma árvore!* Ele respondeu: *Não duvidem, que ela vai se afastar de mim, em nome da Santíssima Trindade!* Feito um sinal da cruz, a árvore lhe passou por detrás, afastando-se, e ele... logo se viu fora do rio".[9]

O Cristo, admoestando os discípulos porque fracos de fé, acrescenta: "Eu vos asseguro: se tiverdes fé como um grão de mostarda, direis àquele monte que se desloque dali, e ele se deslocará, e nada vos será impossível" (Mt 17,20). A prudência do cristão se radica nesta fé: interpelada pelas urgências do Reino e pelas necessidades

---

[8] Cf. *Allegramente,* 91-92.
[9] CAIONE, 142-145.

do próximo, não hesita em arriscar-se, em criar, em apostar, porque sabe poder contar com o coração misericordioso de Deus e com o coração solidário dos irmãos.

Geraldo interpela-nos com força a essa prudência que nos capacita pensar de forma grande, não nos fazendo render diante das dificuldades, enfrenta com confiança a novidade, abre às necessidades e expectativas dos outros. Temos sobretudo hoje necessidade dessa prudência, se quisermos testemunhar e evangelizar num mundo de rápida evolução.

17

Manso e humilde como o Cristo

As palavras evangélicas sobre a humildade estão entre as mais duras para nossa humanidade. Habituados a colocar-nos em primeiro lugar, a construir um fachada que se impõe, a fazer de tudo para estar em evidência, nos é difícil aceitar a lógica da humildade, em que conta mais o ser que o aparecer, o construir servindo que os aplausos comprados ou adquiridos astutamente, a verdade mais que toda ilusão, por mais que seja fascinante.

As opções feitas por Cristo não admitem incertezas sobre isso. Desde as tentações no deserto, até o início da vida pública, ele diz não à instrumentalização das necessidades alheias, a toda forma de espetáculo que força a emotividade e a todas as outras formas de imposição, para ser apenas o servo da verdade proposta sem subterfúgios, para que venha reconhecida pela consciência e decidida pela liberdade (cf. Mt 4,1-10). Por isso "não gritará, não discutirá, não levantará a voz pelas ruas. Não quebrará o caniço rachado, não apagará o pavio vacilante. Promoverá eficazmente o direito. Em seu nome esperarão os pagãos" (Mt 12,19-21).

Com os discípulos é explícito: "Aprendei de mim que sou manso e humilde de coração" (Mt 11,29). Deve, no entanto, repetir isso muitas vezes, até a última ceia: "Os reis pagãos os mantêm submissos e os que impõem sua autoridade levam o título de benfeitores. Vós não deveis ser assim; pelo contrário, o mais importante entre vós seja como o mais jovem, e quem manda seja como quem serve... eu estou no meio de vós como quem serve" (Lc 22,25-27).

Geraldo Majela esteve entre aqueles que procuraram ser fiéis até o fim ao Cristo "manso e humilde de coração". Evitando qualquer exagero, que esvazia a autêntica humildade evangélica, viveu sempre "como aquele que serve".

O mais vil pecador

As testemunhas no processo de canonização são concordes em lembrar a humildade de Geraldo. O testemunho de José Clemente di Oliveto sintetiza bem o que aparece também em outros: "A humildade coroava todos os seus dotes angélicos. Ele evitava toda conversa que outros pudessem fazer sobre suas virtudes. Atribuía tudo à suprema bondade e misericórdia de Deus, nada a seu mérito. Considerava-se o mais vil pecador entre os homens. Não desprezava os mais humilhantes ofícios; buscava-os, ou melhor, tirava-os dos outros e ficava contente se outros o quisessem censurar".[1]

O redentorista José Papa acentua de modo especial seu cuidado em fugir a qualquer elogio: "Fugia de todo louvor que outros quisessem fazer-lhe, antes, mostrava-se aflito, e sempre costumava dizer: *O homem é barro e imperfeição. Só a Deus pertence o louvor. O homem nem pode dizer: eu me humilho, porque ao dizer isso se julga alguma coisa. Só o Cristo Jesus pode dizer que foi humilhado, porque sendo Deus se fez homem*".[2]

---

[1] Cf. *Allegramente,* 170.
[2] Cf. *ivi,* 172.

17. Manso e humilde como o Cristo

Entre os episódios que as testemunhas trazem sobre a humildade e mansidão de Geraldo há um que vale a pena ler integralmente, por causa do quadro de vida comunitária que desenha. São protagonistas Geraldo e o irmão Stéfano Sperduto. Transcrevemos a versão de Antonio de Cosimo, rica em particularidades.

Irmão Stéfano "era valente carpinteiro e com isso conservava sempre consigo cola de peixe, que fazia para a comunidade. Geraldo freqüentemente pedia a ele a cola para fazer imagens com papel amassado, o que lhe causava muita satisfação pelo contínuo pensamento que lhe proporcionava sobre a Paixão de Cristo. De fato, ele costumava fazer crucifixos, *Ecce Homo* e outras coisas".

Visto que Geraldo gastava bastante cola, o irmão escondeu-a "em seu colchão"; assim poderia "negá-la a Geraldo, se viesse pedi-la de novo. Quando Geraldo lha solicitou e o irmão disse que não a tinha, Geraldo lhe falou com humildade: *Você não a tem aqui, porque a guarda no colchão de sua cama!* Sperduto ficou espantado com a descoberta de seu plano, uma vez que nada dissera a ninguém. E, por aquela surpresa, quis contentá-lo, dando-lhe a cola".

Algum tempo depois, "devendo o irmão Stéfano partir a negócios para Teora, sua terra, pensou em esconder o vasilhame onde estava a cola preparada para seu trabalho, evitando, assim, que Geraldo a encontrasse e a gastasse. E aí também escondeu os corantes que também serviam para seu trabalho. Durante a ausência do companheiro Geraldo, procurando aqui e ali, a encontrou e, não reparando nos corantes que aí estavam, levou-a ao fogo para derretê-la e estragou a cola e os corantes".

Quando o irmão regressou, Geraldo foi até à carpintaria "com o vasilhame, dizendo-lhe: *Pensei que encontraria aqui a costumeira cola e encontrei uma pasta, que não sei o que é!*".

O irmão Stéfano perdeu o controle "e tomado de tanta cólera, num primeiro ímpeto, pegou um pau que lhe estava à mão e começou a bater duramente no santo irmão. Ele, vendo-se bastante mais alto que o irmão, ajoelhou-se para facilitar-lhe as batidas". Stéfano, vendo-o "de joelhos a seus pés, numa atitude da mais alta humildade e sem se queixar", disse-lhe: *Irmão, você está querendo que o mate? Não quero seu mal. Foi um impulso!*

Quem poderia crer – dizia-me o irmão Stéfano – *que Geraldo não teve reclamação alguma por aquela minha indignidade, mas antes sempre teve para comigo aqueles mesmos sentimentos de fraterna amizade como antes? Eu, daquele dia em diante, aprendi a valorizá-lo o quanto realmente valia, porque antes não tinha estimado seu verdadeiro valor.* E, ao me dizer isto, o irmão Stéfano prorrompia em lágrimas".[3]

Geraldo permanece fiel a esta humildade sincera até ao término de sua vida. Também na última enfermidade, de acordo com Miguel Santorelli, quando o médico lhe prescrevia "os remédios oportunos, ele dizia sempre: *Doutor, não perturbe tanto a comunidade com os contínuos remédios que me prescreve, pois eu sou um nada e não dou lucro algum para a comunidade*".[4]

Da humildade brota o sincero respeito para com os outros, a começar dos sacerdotes, como anota nos propósitos do *Regulamento de vida:* "De hoje em diante, tratarei os sacerdotes com todo o respeito possível, como se fossem a mesma pessoa de Jesus Cristo, embora não o sejam, e respeitando sua grande dignidade" (n. 39). Este respeito, no entanto, não lhe fazia perder de vista as exigências da verdade e da caridade: "Corrigirei a qualquer um, mesmo que seja o próprio padre Reitor-mor, quando falar mal do próximo" (n. 15).[5]

---

[3] Cf. *ivi,* 182-184.

[4] Cf. *ivi,* 172; cf. também CAIONE, 160.

[5] *ScrSp,* 153 e 150; *ER,* 377 e 374.

17. Manso e humilde como o Cristo

Brincar com a própria fraqueza

A humildade, como as outras virtudes, assume em Geraldo uma nota de sorridente jovialidade e até mesmo de humorismo, que lhe confere um especial fascínio. Nós vamos encontrá-la igualmente nas páginas do *Regulamento de vida*. Ao mesmo tempo em que apresenta os empenhos fundamentais de seu caminho espiritual, Geraldo não esquece sua fraqueza e seus limites: reconhece-os explicitamente, mas quase brincando com eles, abrindo-os à confiança em Deus. Assim os "sentimentos mais vivos do coração" são dirigidos por este raciocínio: "Tenho agora a maravilhosa ventura de tornar-me santo, e, se a desperdiço, perco-a para sempre. E agora tenho a felicidade de tornar-me santo... Pois, que me falta para fazer-me santo? Tenho todas as ocasiões favoráveis para ser santo. Oh! Quão importante é fazer-me santo! Senhor, que loucura a minha! Far-me-ei santo à custa dos outros e depois me queixo? Irmão Geraldo, decida a dar-se totalmente a Deus... Alguns se preocupam em fazer isto ou aquilo. Eu só tenho a preocupação de fazer a vontade de Deus... Alguns me dizem que eu zombo do mundo. Ó Deus, o que haveria de estranho se eu risse do mundo? Muito grave seria se risse de Deus!"[6]

Os propósitos podem então ser corajosos, porque fundados na certeza da graça: "Eia, pois, bondade infinita, se no passado houve algum não cumprimento, foi por minha culpa. Mas, de agora em diante, quero que vós ajais em mim. Sim, Senhor, fazei que eu os cumpra pontualmente. Porque é certo que de vossa fonte infinita espero tudo". A certeza de ter "o Espírito Santo como único consolador e protetor em tudo" e a Virgem Imaculada como "segunda protetora e consoladora em tudo" e "única advogada diante de Deus" permite rejeitar todo sentido

---

[6] *Ivi*, 145-146; *ER*, 369 e 370.

de desconfiança e toda inclinação ditada pela preguiça ou pelo egoísmo: "Ai de ti, Geraldo, o que fazes? Fica sabendo que um dia te será jogado na cara este texto. Por isso, pensa bem e cumpre tudo. Mas, quem és tu que me fazes tal censura? Sim, isto é verdade. Porém, ignoras que eu não confiei em mim mesmo, nem agora, nem nunca o farei. Conheço bem minhas misérias e, por isso, me espanta confiar em mim mesmo. Se não fosse assim, já teria perdido a cabeça. Por isso, confio somente em Deus, pois em suas mãos tenho colocado toda a minha vida, para que ele faça o que desejar. Estou, pois, na vida, porém, sem vida, porque minha vida é Deus".[7]

Como se não existisse no mundo

Percorrendo os propósitos, encontramos mais vezes reclamada esta alegre humildade que o leva a contar sempre mais com o poder de Deus: "Nunca falarei nem bem nem mal de mim mesmo, mas agirei como se eu não existisse neste mundo" (n. 9). Por isso, é preciso não se deixar tomar de assalto pela obsessão da própria estima: "Jamais me desculparei, ainda que eu tenha toda a razão; é suficiente que, naquilo que me falam, não exista ofensa a Deus ou prejuízo para o próximo" (n. 10). E, por outro lado, "nunca responderei a quem me repreende, a não ser que seja interrogado" (n. 12).[8] Para Geraldo a motivação última está, naturalmente, no fato que a humildade, uniformizando-o com a vontade de Deus, não o faz duvidar que sua causa seja a mesma de Deus.

---

[7] *Ivi*, 147-148; *ivi*, 371-372.

[8] *Ivi*, 150; *ivi*, 373-374.

17. Manso e humilde como o Cristo

Esta humildade confiante não dramatiza nem mesmo os eventuais defeitos: evitando todo comportamento ditado pela tensão, que pode durar pouco, leva a enfrentá-los com serenidade e construtividade: "Quando sentir revolta interior, procurarei não explodir imediatamente. Assim farei com quem se zanga comigo ou me acusa. Esperarei que passe o ímpeto da ira, de modo que possa raciocinar com doçura".[9]

Por outro lado, a humildade confiante faz com que ele busque sempre, com sinceridade, não a utilidade própria, mas a dos outros: "Em todos os casos, nos quais devo trabalhar com os outros, ainda que sejam coisas pequenas e simples como: varrer, carregar objetos etc., nunca terei por norma ocupar o melhor lugar, o mais cômodo, o instrumento mais apropriado para esse trabalho. Darei o melhor aos outros, contentando-me em Deus com o que me sobrar. Assim, os outros estarão contentes e eu também".[10]

Na tradição cristã, a humildade é sempre vista como o caminho obrigatório na direção da verdade e do amor. De fato, quem é muito cheio de si não consegue dar espaço nem a uma, nem à outra: termina por cair na ilusão.

Geraldo sabe bem que não pode se gloriar de nada: tudo, a começar pela vida, é dom de Deus. Esta verdade torna-o seguro e livre em seu caminho, irradiando vida a seu redor. Se também nós nos deixarmos guiar por esta verdade, seremos capazes de viver como "servos bons e fiéis", que farão frutificar com abundância todos os talentos recebidos (cf. Mt 25,14-30), construindo esperança: para nós e para todo o mundo.

---

[9] *Ivi,* 151; *ivi,* 375.
[10] *Ivi,* 375, n. 22.

CONCLUSÃO

No início destas páginas, propusemo-nos aproximar-nos da espiritualidade de São Geraldo Majela, procurando colher seus aspectos mais relevantes. O quadro que conseguimos traçar não esgota, com certeza, seu caminho espiritual. Quer, antes, colocar-se como um estímulo para posteriores aprofundamentos. Parece-nos, no entanto, que o que conseguimos evidenciar consegue, ao menos, delinear uma primeira visão do conjunto da espiritualidade geraldina.

Para evitar exageros, privilegiamos o contato direto com as fontes: os escritos de Geraldo, os testemunhos dados no decorrer de seu processo de canonização, a primeira coleta de notícias sobre ele pelo padre Gaspar Caione, que lhe esteve próximo nos meses finais de sua vida. Dado que a espiritualidade se refere ao "coração", isto é, à intencionalidade ou ao projeto fundamental de vida, antes de se concretizar nas obras, estivemos preocupados sobretudo em "escutar" diretamente Geraldo através de seus escritos: é a estrada mais segura para nos aproximar do "segredo" de sua vida.

Recolhemos assim diversos quadros preciosos: a constante uniformidade com a vontade de Deus; o vibrante e espontâneo reportar-se a seu "querido Redentor"; a alegre magnanimidade e liberdade de pensamento e de ação; a participação sincera na cruz do Cristo; o amor profundo pela Eucaristia; a confiante relação com Maria; a comunhão sentida e transparente com o próximo, a disponibilidade sincera para as urgências do Reino.

Se tentarmos colocar juntos todos estes aspectos, desenha-se uma espiritualidade que surpreende por sua capacidade de nos inspirar ainda hoje. Cremos, antes, que hoje estamos capacitados para lê-la e apreciá-la melhor em relação ao passado, uma vez que muitas vezes o frescor evangélico e humano de Geraldo foi canalizado em modelos de santidade pré-constituídos.

A alegria dos pequenos

Dois passos do Evangelho de Lucas podem ajudar-nos na tentativa de penetrar melhor no coração da espiritualidade geraldina. O primeiro (Lc 10,1-37) está centrado na exultação de Cristo pela nova sabedoria concedida pelo Pai aos "pequenos". Os setenta e dois discípulos, enviados "dois a dois, a sua frente, a todas as cidades e lugares aonde devia ir" (v. 1), retornam "muito contentes" a Jesus e proclamam: "Senhor, em teu nome até os demônios se submetiam a nós" (v. 17). O Senhor partilha da alegria deles, mas lembra-lhes a necessidade de radicá-las de forma correta: "Não vos alegreis porque os espíritos se submetem a vós, e sim porque vossos nomes estão registrados no céu" (v. 20). E "naquele mesmo instante" exulta no Espírito Santo: "Dou-te graças, Pai, Senhor do céu e da terra! Porque, ocultando essas coisas aos entendidos, tu as revelaste aos ignorantes" (v. 21). Interrogado, depois, por um doutor da lei, explica, com a parábola do Bom Samaritano (v. 25-37), que tal sabedoria só pode residir no coração de quem se faz concretamente próximo dos necessitados.

Este foi o campo de Geraldo: acolheu com gratidão alegre e se deixou fascinar pela beleza do desígnio salvífico do Pai em Cristo; sustentado pelo Espírito, fez dele o sentido e a força de sua vida; traduziu-o em amor efetivo a todos, a começar dos pobres, mas sem discriminações ou reservas, até a empenhar o próprio poder divino, quando suas capacidades e seus meios se mostravam inadequados às necessidades.

O louvor jubiloso do Cristo é também o de Maria, que no *Magnificat* canta as maravilhas realizadas pela misericórdia de Deus (Lc

Conclusão **169**

1,39-55). A maternidade divina anunciada pelo anjo, vem se traduzir não numa auto-satisfação orgulhosa, mas em caridade pronta a se transportar com pressa para a casa de Isabel, que está prestes a dar à luz o Batista. A saudação de Isabel: "Bendita és tu entre as mulheres e bendito é o fruto de teu ventre" (v. 42) faz com que Maria não consiga mais conter a gratidão e a exultação: "Olhou para a humildade de sua serva... o Senhor fez por mim grandes coisas" (v. 48-49). E depois evidencia a nova lógica que Deus inseriu na história: "Elevou os humildes e encheu de bens os famintos" (v. 52-53).

A vida de Geraldo foi um claro eco do *Magnificat*. Demonstrou sempre a alegria sincera de quem se confia sem reserva à misericórdia de Deus, pondo-se entre os humildes e os pobres como sinal e instrumento da nova lógica de Deus.

Tem essa característica o *alegremente*, que Geraldo assume como critério fundamental de vida e que não se cansa de propor também aos outros. É oportuno ouvi-lo de novo, relendo a carta que escreveu à irmã Maria de Jesus, em janeiro de 1752:

"Bendito seja o Senhor que a mantém em tal estado para fazê-la uma grande santa. Vamos, pois, alegre-se e não tema! Seja forte e corajosa nas batalhas, a fim de conseguir depois um grande triunfo no reino dos céus.

Não nos assustemos senão pelo que o espírito maligno semeia em nossos corações, porque este é seu ofício. É nosso dever não o deixar triunfar em seus intentos. Não lhe demos crédito porque não somos o que ele quer e diz. Isto não é senão para nos espantarmos e nos atemorizarmos e, deste modo, fazer-nos crer que ele é o vencedor em suas más obras.

É verdade que, às vezes, nos achamos fracos e confusos. Não há confusão com Deus, não há fraqueza com o poder divino! Porque é certo que nas lutas a Divina Majestade nos ajuda com seu braço poderoso. Por isso, podemos ficar alegres e engrandecer-nos (aceitando) a vontade divina. E bendiremos suas santíssimas obras por toda a eternidade".[1]

---

[1] *ScrSp*, 30-31; *ER*, 260-261.

A bela vontade de Deus

A alegria e a magnanimidade de Geraldo não significam superficialidade ou falta de empenho. Pelo contrário, movem-no não só a levar com serenidade sua cruz, mas a participar com prontidão também das cruzes dos outros. Seu *alegremente* é de fato expressão do testemunho filial que o Espírito Santo dá dentro de nós, libertando-nos de todo medo: "Não recebestes um espírito de escravos, para recair no temor, mas um espírito de filhos, que nos permite clamar: 'Abbá, Pai'. O Espírito testemunha a nosso espírito que somos filhos de Deus" (Rm 8,15-16).

Porque enraizado em tal experiência filial, o *alegremente* de Geraldo não se deixa prejudicar pela consciência da própria fraqueza, estando certo, com Paulo, que o Espírito vem em ajuda de nossa fraqueza (cf. Rm 8,26). Nem mesmo se coloca em crise pelas dificuldades de qualquer tipo, inserindo-as prontamente na cruz de seu "amado Redentor": "Se somos filhos, também somos herdeiros: herdeiros de Deus, co-herdeiros com Cristo; se compartilhamos sua paixão, compartilharemos sua glória... os sofrimentos do tempo presente não têm proporção com a glória que será revelada em nós" (Rm 8,17-19). A presença do Espírito que leva tudo à plenitude pode ser encontrada nos acontecimentos de cada dia: "Sabemos que tudo concorre para o bem dos que amam a Deus, dos chamados segundo seu desígnio" (Rm 8,28).

Por isso a vontade de Deus é percebida não como algo de mortificante ou como um peso a que não se pode fugir, mas como um projeto de plenitude e de felicidade, que brota do amor sem limite do Pai celeste: desperta bela, atrai, e leva a realizá-la com alegria e confiança.

Geraldo está profundamente convicto de tudo isso, a tal ponto de considerá-lo como seu empenho específico, de acordo com o que anota em seu *Regulamento de vida:* "Alguns se preocupam em fazer isso ou aquilo. Eu só tenho a preocupação de fazer a vontade

Conclusão

de Deus".[2] De resto, não hesita em afirmar que sem ela nele, seria um vazio: "A senhora me diz para me contentar com a vontade de Deus. Sim, senhora, tire-me esta e depois verá o que me resta".[3]

A indicação fundamental que Geraldo dá a todos aos quais escreve ou que encontra em seu caminho resume-se no sim confiante à vontade de Deus, a começar pela vocação pessoal: *alegremente, ânimo grande: a vontade de Deus sobre nós é bela!* É o que continua a repetir-nos ainda hoje. Escutá-lo pode abrir-nos horizontes não imaginados e fazer de fato com coragem nosso caminho no bem, vencendo todo o medo e carregando-nos de esperança.

Com Geraldo, estaremos mais convictos ainda que a "meta primeira da Igreja" é "dar testemunho da alegria e da esperança que nascem da fé no Senhor Jesus Cristo, vivendo na companhia dos homens, em plena solidariedade com eles, sobretudo com os mais fracos".[4] Com ele, encontremos melhor o impulso do testemunho e do anúncio.

É justo então concluir estas páginas deixando que Geraldo nos repita, ainda uma vez, seu *alegremente*, assim como o escreve a uma irmã em dificuldade: "Permaneça com muita alegria e não se deixe deprimir. Confie em Deus e dele espere toda a graça. Não confie muito em você mesma, mas somente em Deus. E quando pensar que está calma, os inimigos estarão mais perto. Não confie na paz, que na calma você poderá receber a guerra. Viva precavida e a cada momento se fie e confie em Maria Santíssima, a fim de que ela a assista e, com seu poder, abata qualquer inimigo seu.

O que a senhora sofre não é motivo para ficar aflita, mas, sim, para fazer com que se humilhe diante de Deus e confie sobretudo em sua divina misericórdia...

Fique alegre; confie em Deus. E assim você se fará santa".[5]

---

[2] *Ivi,* 146; *ER,* 370.

[3] *Ivi,* 68; *ivi,* 299.

[4] *Comunicare il Vangelo in un mondo che cambia,* n. 1.

[5] *ScrSp,* 90; *ER,* 323-324. A tradução em português de *Espiritualidade Redentorista* não contempla todo o texto italiano do *ScrSp.* Nós o completamos.

APÊNDICE

CARTA DO SANTO PADRE
O PAPA JOÃO PAULO II

Ao Reverendíssimo Padre Joseph William Tobin
Superior Geral da Congregação do Santíssimo Redentor

1. Com grande satisfação tomei conhecimento de que esta Família religiosa está se preparando para celebrar um especial "Ano Geraldino", na feliz coincidência de dois aniversários referentes a um de seus filhos mais ilustres, São Geraldo Majela: o centenário de sua canonização (11 de dezembro de 1904) e o 250° aniversário de sua morte (16 de outubro de 1755). Uno-me com alegria a V. Revma., a seus Confrades e aos devotos de tão grande discípulo de Santo Afonso Maria de Ligório no louvor e na gratidão ao Senhor pelas "grandes coisas" que Deus não cessa de operar nos pequenos e nos pobres (cf. Lc 1,46-50).

Verdadeiramente Geraldo Majela é um dos pequenos, nos quais Deus fez resplandecer o poder de sua misericórdia! Entrou no Instituto missionário redentorista quando jovem e com a firme vontade de "tornar-se santo". Seu "sim" alegre e confiante à vontade divina, sustentado pela oração constante e por um extraordinário espírito de penitência, traduzia-se nele numa caridade atenta às necessidades espirituais e materiais do próximo, sobretudo dos mais pobres. Mesmo sem ter feito estudos especiais, Geraldo penetrou o mistério do Reino dos céus e o irradiava com simplicidade aos que dele se aproximavam. Sentia a premente urgência da conversão dos pecadores e para esta causa trabalhava sem descanso; do mesmo modo sabia apoiar e encorajar os vocacionados à vida religiosa.

A fama de sua santidade e a confiança em sua intercessão continuaram a crescer depois de sua morte. Seu túmulo é ainda hoje meta de numerosas peregrinações da Itália e de muitos Países de todos os Continentes. São muitos os fiéis que nas situações mais difíceis a ele recorrem confiantes.

2. O Ano Geraldino constitui para toda a Família dos Redentoristas uma ocasião propícia para renovar o compromisso pessoal e comunitário de responder aos desafios atuais da evangelização com a mesma prontidão e criatividade de São Geraldo e do Fundador, Santo Afonso Maria de Ligório, no tempo deles.

Caros Redentoristas, como tive ocasião de recordar na Mensagem endereçada aos membros do recente Capítulo Geral, "as pessoas que vos encontram devem sentir que sois 'homens de Deus' e, no contato convosco, experimentar o amor do Pai celeste misericordioso, que não hesitou em dar seu próprio Filho Unigênito (cf. 1Jo 4,9-10) para a salvação da humanidade. Devem perceber em vós a atitude interior de Jesus Bom Pastor, sempre à procura da ovelha perdida, e disposto a festejar quando a encontra (cf. Lc 15,3-7)" (n. 3).

Dessa atitude espiritual, São Geraldo é fúlgido exemplo por seu amor ao Crucifixo e à Eucaristia e por sua devoção a Nossa Senhora. Exorto-vos a seguir esse seu itinerário espiritual e, como ele, a permanecer fiéis a vosso carisma, sem temer as inevitáveis dificuldades que toda renovação verdadeira traz consigo. Na citada Mensagem ao recente Capítulo Geral, eu escrevia a respeito: "As Constituições de vosso Instituto vos convidam a identificar as urgências pastorais do momento, levando em conta que vosso ministério é caracterizado,

Apêndice

mais do que por algumas formas específicas de atividade, por um serviço de amor prestado àquelas pessoas e grupos que são mais abandonados e pobres por condição espiritual e social" (n. 4).

3. Nosso mundo espera que sejam testemunhados com franqueza a verdade, a sabedoria e o poder da Cruz (cf. 1Cor 1,17-25). A inculturação da fé e as rápidas mudanças sociais apresentam muitos desafios ao anúncio do Evangelho. Portanto, sempre deve estar associado à clara proclamação da sabedoria da Cruz o compromisso efetivo de proclamar o "evangelho da caridade", sobretudo aos pequenos e aos pobres, como fez Geraldo Majela, que bem compreendeu o mistério da Cruz, mistério que revela a dramaticidade do pecado e, ao mesmo tempo, proclama a força libertadora e salvífica da misericórdia divina. Assim rezava ele: "Ó meu Deus, quem me dera poder converter para vós tantos pecadores quantos são os grãos de areia do mar e da terra, as folhas das árvores, os átomos do ar, as estrelas do céu, os raios do sol e da lua, as criaturas todas da terra!" (*Scritti spirituali*, Materdomini 2001, 155).

4. Pelos pecadores, Geraldo não poupava energias, orações e penitências. Seu amor não lhe permitia ficar indiferente a respeito das opções e da condição deles; sobretudo se empenhava para que todos recebessem frutuosamente o sacramento da Reconciliação.

Permeia a sociedade hodierna um difuso enfraquecimento do senso do pecado e, em conseqüência, da importância do sacramento da Reconciliação. Isto interpela a pastoral da Igreja e, em particular, a ação apostólica desta Congregação religiosa, que tem justamente no anúncio da redenção de Cristo um de seus elementos fundamentais. Continuai, caros Redentoristas, a imitar vosso santo Fundador, sempre sensível para com os pecadores e pronto a acolhê-los no sacramento da Reconciliação com o carinho de um pai e a sabedoria de um médico. Prossegui alimentando o ardor de São Geraldo que, pela salvação das almas, prodigalizou-se totalmente.

176
Comunicar a alegria e a esperança

5. Além de empenhar-se para que os pecadores recuperassem a vida espiritual, mediante a conversão e o sacramento da Penitência, São Geraldo Majela nutria uma atenção particular também para com a vida nascente e para com as futuras mães, sobretudo aquelas em dificuldades físicas e espirituais. Eis por que também hoje ele é invocado como especial Protetor das gestantes. Este traço típico de sua caridade constitui para vós e para os fiéis um encorajamento a amar, defender e servir sempre a vida humana.

São bem conhecidas as ameaças que continuam a lançar-se contra a vida, especialmente contra a vida nascente. Deve fazer refletir sobretudo o preocupante difundir-se de uma "cultura da morte", que leva largas faixas da opinião pública a justificar alguns delitos contra a vida em nome dos direitos da liberdade individual e, sobre tal pressuposto, pretende sua legitimação por parte do Estado (cf. *Evangelium vitae*, 4).

Queira Deus que o Ano Geraldino contribua para tornar sempre mais convicto o esforço dos cristãos para contrastar esta cultura de morte e realizar gestos concretos e eloqüentes a serviço da cultura da vida. Em tão significativa ocasião gostaria, pois, de confiar a V. Revma. e a todos os Redentoristas a missão de agir de modo ainda mais decidido para difundir o "evangelho da vida". Seja posta a serviço da vida vossa reflexão teológica e moral, desenvolvendo-a, na fidelidade à tradição afonsiana, justamente a partir das situações em que a vida é menos protegida e defendida. É este o modo concreto de dar prosseguimento à obra de São Geraldo Majela e de ser testemunhas de esperança e construtores de uma nova humanidade.

Com tais sentimentos e votos, imploro do Doador de todo bem copiosas graças e dons celestes para V. Revma., para toda a Família afonsiana e para todos os que se confiam à intercessão de São Geraldo, e envio a todos com afeto uma Bênção especial.

Castel Gandolfo, 6 de agosto de 2004